최강 디자인 구도

92

황금비율과 최적의 구도로 만드는 좋은 디자인의 첫걸음

ingectar-e 지음
트랜스메이트 옮김

The Strongest Composition

위키북스

소개

심플하고 정돈된 디자인을 만들고 싶다.
기능적이면서도 효과적인 결과물을 완성하고 싶다.

디자인을 시작할 때 가장 먼저 마주하는 난관은
바로 '레이아웃'이다.

사실 우리가 일상에서 자주 접하는 많은 디자인들은
'황금비율'을 활용해 만들어진 경우가 많다.

이 책은 황금비율을 출발점으로,
'아름답다'는 인상을 주는 다양한 구도와 그 활용법,
그리고 디자인할 때 알아두면 좋은 요령과 포인트들을 소개한다.

'왠지 좋아 보이는' 감각적인 디자인이 아니라,
'구도'라는 확실한 근거를 바탕으로 디자인하면 더 빠르고, 더 아름답고,
더 균형 잡힌 결과물을 만들 수 있다.

디자인은 타고나는 감각이 아니라, 배우고 익히는 지식이다.
이 원리를 알게 되면 디자인이 훨씬 쉬워지고,
무엇보다 더 재미있어진다.

이 책이 디자인을 더 깊이 이해하고 즐길 수 있는 계기가 되기를 바란다.

e ingectar-e

황금비율이란?

황금비는 대략 1:1.618, 즉 약 5:8의 비율로, 사람들에게 아름답고 안정적인 느낌을 주는 '귀금속의 비율' 중 하나다.

고대 유럽에서는 이 황금비가 건축물과 미술 작품에 널리 활용되어 왔다. 대표적인 예로는 파르테논 신전, 파리의 개선문, 사그라다 파밀리아, 밀로의 비너스, 모나리자 등이 있다. 일본에서도 금각사나 당초제사 같은 전통 건축물에 황금비가 적용되어 있다. 이처럼 유명한 건축물이나 예술 작품뿐 아니라, 명함이나 신용카드의 가로세로 비율, 애플이나 구글의 로고 디자인 등 일상 속에서도 황금비를 쉽게 찾아볼 수 있다.

'황금비'라고 하면 왠지 어려운 개념처럼 느껴질 수 있지만, 사실은 우리 주변에서 자주 마주하는 친숙한 디자인 요소다.

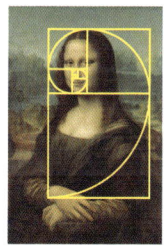
▲ 모나리자

▲ 파리의 개선문

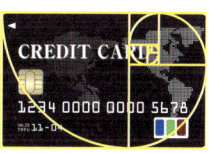
▲ 신용카드

우리 주변에 있는 '황금비율'을 찾아보자!

INTRODUCTION

6개의 최강구도

이 책에 등장하는 6개의 최강 구도를 소개한다.
이 최강 구도만 익히면 레이아웃을 고민할 필요가 없다.
그리고 기능적이면서도 효과적인 디자인을 쉽게 만들 수 있다.

01 황금비

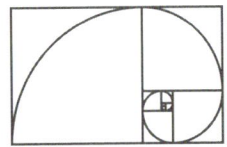

레이아웃, 여백, 콘텐츠, 이미지 사진, 로고 디자인 등 다양한 구도에 적용할 수 있다. 부분적으로 적용하고, 뒤집고, 조합하고... 다양한 상황에서 활용할 수 있는 구도이다.

02 삼분할

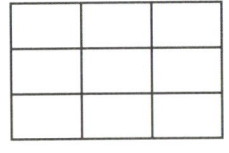

세로와 가로를 3등분한 구도. 사진 촬영에서 잘 알려진 기법이지만, 디자인 세계에서도 많이 활용되고 있다. 선 위 또는 선의 교차점에 요소를 배치하면 안정감을 얻을 수 있다. 요소가 많은 레이아웃에도 활용할 수 있다.

03 대각선

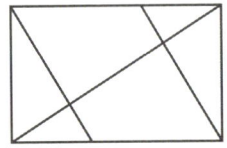

디자인에 생동감, 강렬함, 깊이를 더하고 싶을 때 효과적인 구도이다. 인물이나 배경을 비스듬히 배치하거나 디자인 자체를 대각선으로 구분하여 활력을 불어넣을 수 있다. 움직임을 주고 싶을 때 적합한 구도이다.

 ## 중앙원

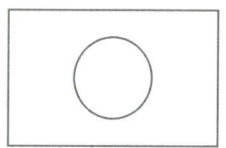

주인공을 화면 중앙에 배치하는 구도이다. 주의를 집중시키고 돋보이게 하는 효과가 있다. 전달하고자 하는 내용을 직설적으로 전달할 수 있는 것이 중앙원 구도의 장점이다.

05 대칭

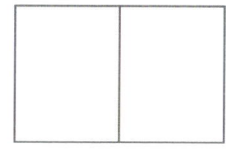

중앙을 중심으로 두 개로 나눈 구도. 왜곡이 없는 대칭은 안정감, 아름다움, 성실한 인상을 줄 수 있다. 심플하고 차분한 디자인이나 서로 다른 것을 상대화하고 싶을 때 적합하다. 단조로울 때는 색상이나 장식으로 포인트를 주자.

06 삼각형

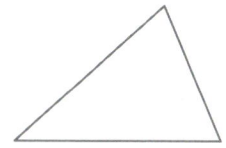

디자인 안에 삼각형이 생기도록 배치하는 구도를 말한다. 깊이감과 안정감을 주는 효과가 있어 사람에게 편안한 인상을 주기 쉬운 레이아웃이라고도 한다. 역삼각형으로 사용하면 긴장감이나 움직임을 연출할 수 있다.

키워드에서 사용할 구도를 선택해 보자!

안정감	정 렬	역동감	인상적	상 대 적	안정감
미 감	통일감	박 력	상징적	규 칙 적	긴장감
조 화	신뢰감	원근감	존재감	진 지 함	깊 이
↓	↓	↓	↓	↓	↓
황금비	**삼분할**	**대각선**	**중앙원**	**대칭**	**삼각형**

구도에 따라 주는 인상이 이렇게 달라진다!

구도 그리는 법 & 다운로드

이 책에 등장하는 6가지 구도 그리는 방법을 소개한다.
기본적인 그리는 방법만 알면,
어떤 사이즈도 고민할 필요 없이 디자인할 수 있다.

STEP 01

❶ 임의의 정사각형을 그린다.
❷ 정사각형의 한 변을 반경으로 하는 호를 안쪽으로 그린다.

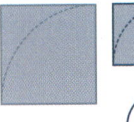

STEP 02

❶ [01]에서 그린 사각형과 호를 복사하여 61.8%로 축소한다.

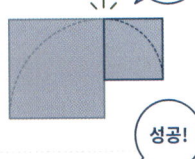

STEP 03

❶ [02]로 만든 정사각형을 90° 회전시켜 그림과 같이 딱 맞게 맞춘다.

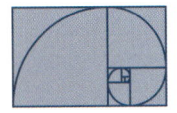

STEP 04

❶ [02]와 [03]을 5회 더 반복하여 황금비율을 만든다!

구도 데이터를 다운로드할 수 있다!

이 책에서 소개하는 6종류의 구도 데이터를 아래 위키북스 도서 홈페이지에서 다운로드할 수 있다. 구도 데이터는 AI 형식, PNG 형식으로 제공되므로 각종 디자인 작업에 활용하기 바란다.

※ 자세한 내용은 다운로드 데이터에 동봉된 'Readme'를 참고하기 바란다.

https://wikibook.co.kr/composition-92/

대각선 그리는 법

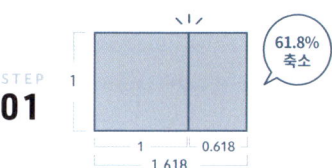

STEP 01
❶ 임의의 정사각형을 그린다.
❷ 그 정사각형의 가로 폭만 61.8% 축소된 직사각형을 그린다.
❸ 정사각형과 ❷에서 만든 직사각형을 딱 맞춘다.

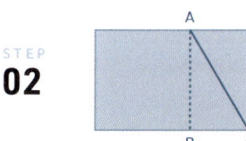

STEP 02
❶ 정사각형과 직사각형의 인접한 점을 점 A, B로 한다.
❷ 점 A와 점 C를 잇는 대각선을 긋는다.

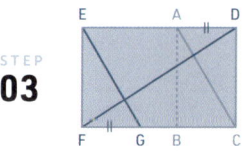 

STEP 03
❶ 변 AD=변 FG가 되도록 점 G를 만든다.
❷ 점 E와 점 G를 이어 대각선을 그린다.
❸ 점 D와 점 F를 이어 대각선을 그린다.

삼분할 그리는 방법

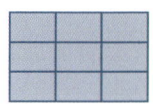

❶ 임의의 직사각형을 그린다.
❷ 가로, 세로 모두 삼등분하여 나눈다.

중앙원 그리는 방법

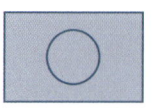

❶ 임의의 사각형의 중앙에 원을 배치한다.

대칭 그리는 방법

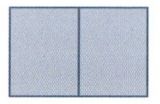 

❶ 임의의 사각형을 그린다.
❷ 서로 평행한 두 변의 중간 지점을 연결하는 세로선을 그린다.

삼각형 그리는 방법

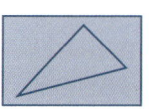

❶ 임의의 사각형 안에 삼각형을 배치한다.
 (삼각형의 꼭짓점 위치는 자유롭게 움직여도 OK!
 다양한 삼각형을 만들어 보자!)

이 책의 사용법

이 책에서는 구도를 사용하여 디자인을 만드는 과정을 소개한다.
하나의 테마를 3단계로 나누어 알기 쉽게 설명한다.
또한, 작품 예시 내에서 사용된 폰트 이름과 색상 값도 함께 게재되어 있다.

① STEP1 블록 나누기
텍스트나 이미지 등의 소재를 구도에 맞게 나눈다.

② STEP2 레이아웃
STEP1에서 나눈 영역별로 텍스트나 사진을 대략적으로 배치한다.

③ STEP3 디자인
색상과 폰트를 디자인한다. 사용 폰트, 색상 값, 디자인 원포인트 조언도 게재하고 있다.

④ GOAL 완성!
완성된 디자인이다. 일부 디자인에는 사용 중인 이미지도 함께 게재되어 있다.

황금비의 사용 방법

디자인 안에 담는다

튀어나와도 OK !

한쪽으로 정렬 !

A4(210×297mm)

명함(55×91mm)

SNS(300×300px)

디자인 안쪽에 구도를 담은 레이아웃. '모나리자'에서도 사용된 기법이다.

디자인에 맞게 크기를 변경하기나 튀어나와도 괜찮지만, 확대/축소할 때는 반드시 가로/세로 비율을 고정해야 한다.

황금비율을 한쪽으로 배치해서 레이아웃을 해보자. 일부분만 황금비율을 사용해도 깔끔한 레이아웃이 완성된다.

POINT !
구도는
수평·수직 방향으로
반전해도 OK !

구도 사용법

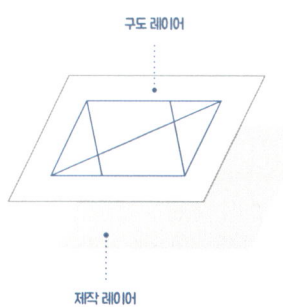
구도 레이어
제작 레이어

① 디자인을 만드는 '제작 레이어'와 '구도 레이어', 두 개의 레이어를 만든다.

② '제작 레이어' 위에 '구도 레이어'를 겹치고, 문서 위에 구도를 겹친다.

③ 디자인에 방해가 되지 않을 정도로 '구도 레이어'를 투과(곱하기'를추천!) 시킨다.

● 구도는 작품의 크기에 따라 확대/축소해도 OK!
● 확대/축소할 때는 반드시 가로 세로 비율을 유지하자!
● 구도 레이어를【표시/비표시 전환】이나【잠금】으로 움직이지 않게 하면 디자인이 쉬워진다!

CONTENTS

- 소개 ········ 002
- 6개의 최강구도 ···· 004
- 구도 그리는 법 & 다운로드 ····· 006
- 이 책의 사용법 ······ 008

CHAPTER 01 배너

01	황금비 인테리어 세일 배너	018
02	황금비 남성 뷰티 특집 배너	020
03	삼분할 카페 신메뉴 배너	022
04	삼분할 패션 특집 배너	024
05	대칭 패스트푸드 배너	026
06	대칭 양과자점 신상품 소개	028
07	대각선 이동통신사 광고	030
08	대각선 스킨케어 광고	032
09	삼각형 대학 개교 알림 배너	034
10	삼각형 스포츠 이벤트 배너	036
11	황금비 취업 사이트 배너	038
12	중앙원 여행 광고 배너	040
13	삼분할 어버이날 배너	042
14	삼분할 도넛 프로모션 배너	044
15	대각선 인테리어숍 배너	046
16	삼각형 샘플 증정 배너	048
17	중앙원 신작 미식가 배너	050
18	중앙원 여름 세일 배너	052

- COLUMN | No.01 배너 사이즈 전개 포인트 ··········· 054
- 6가지 구도로 비교해보자! ·················· 056

CHAPTER 02 SNS

01 | 황금비
건축사무소 광고 058

02 | 대칭
SNS 포스팅 이미지 060

03 | 대각선
스트레칭 SNS 게시 이미지 062

04 | 삼분할
요리 레시피 게시 이미지 064

05 | 중앙원
펫 살롱 매장 소개 066

06 | 황금비
의류 매장 광고 068

07 | 대각선
신메뉴 안내 070

08 | 중앙원
사과 따기 광고 072

09 | 황금비
VLOG 썸네일 074

10 | 삼분할
대담 동영상 썸네일 076

11 | 대칭
토크 세미나 썸네일 078

12 | 대각선
토크 라이브 썸네일 080

13 | 삼각형
온라인 요가 썸네일 082

14 | 삼분할
5주년 기념 경품 공지 084

15 | 대칭
배송 알림 썸네일 086

16 | 삼각형
피트니스 캠페인 088

17 | 중앙원
꽃가게 광고 090

| COLUMN | No.02 프로필 페이지 만드는 방법 092
| 6가지 구도로 비교해보자! 094

011

CHAPTER 03 명함

- 01 | 황금비 주택 제조업체 명함 — 096
- 02 | 황금비 아트 갤러리 명함 — 098
- 03 | 삼분할 사진작가 명함 — 100
- 04 | 삼분할 의류 기업 명함 — 102
- 05 | 대칭 화장품 가게 명함 — 104
- 06 | 대칭 파티시에 명함 — 106
- 07 | 대각선 건축사무소 명함 — 108
- 08 | 대각선 미용실 명함 — 110
- 09 | 삼각형 일러스트레이터 명함 — 112
- 10 | 삼각형 디자인 사무소 명함 — 114
- 11 | 중앙원 생선가게 주인의 명함 — 116
- 12 | 중앙원 카페 바 명함 — 118

| COLUMN | No.03 움직임이 있는 디자인을 만드는 방법 — 120
| 6가지 구도로 비교해보자! — 122

CHAPTER 04 | 카드

01 | 삼각형
양과자 가게의 상점 카드 … 124

02 | 대칭
호텔 매장 카드 … 126

03 | 대칭
치과 진료권 … 128

04 | 황금비
소아과 진료권 … 130

05 | 삼분할
접골원 예약 카드 … 132

06 | 중앙원
미용실 멤버십 카드 … 134

07 | 대각선
음식점 스탬프 카드 … 136

08 | 황금비
남성 에스테틱 포인트 카드 … 138

09 | 삼분할
카페 쿠폰 … 140

10 | 중앙원
네일 숍 쿠폰 … 142

12 | 대각선
전시회 티켓 … 144

13 | 삼각형
사우나 이용권 … 146

▌COLUMN | No.04 차분한 디자인을 만드는 방법 …………………… 148
▌6가지 구도로 비교해보자! ……………………………………………… 150

CHAPTER 05 POP

- 01 | 황금비   카페 신메뉴 POP   152
- 02 | 황금비   주류 상품 POP   154
- 03 | 황금비   파스타 메뉴 POP   156
- 04 | 삼분할   운동 교실 코스 설명 POP   158
- 05 | 삼분할   중화 요리점 POP   160
- 06 | 삼분할   화장품 신상품 POP   162
- 07 | 대칭   샴푸 상품 POP   164
- 08 | 대칭   소프트아이스크림 신상품 POP   166
- 09 | 대칭   잡화점의 코너 POP   168
- 10 | 대각선   SNS 포스팅 캠페인 POP   170
- 11 | 대각선   썬크림 POP   172
- 12 | 대각선   신상품 음료 POP   174
- 13 | 삼각형   피자 가게의 메뉴 POP   176
- 14 | 삼각형   의류 세일 POP   178
- 15 | 중앙원   해피아워 POP   180
- 16 | 중앙원   어버이날 POP   182

| COLUMN | No.05 정보가 많을 때 정리하는 방법   184
| 6가지 구도로 비교해보자!   186

CHAPTER 06 DM

01 | 황금비
고양이 카페 오픈 안내 DM — 188

02 | 황금비
판화전 DM — 190

03 | 황금비
프리세일 안내 DM — 192

04 | 삼분할
화과자점 신상품 DM — 194

05 | 삼분할
미용실 쿠폰이 포함된 DM — 196

06 | 대칭
어버이날 인사말 카드 — 198

07 | 대칭
의류 브랜드 창립 기념일 DM — 200

08 | 대칭
베이커리 숍 DM — 202

09 | 대각선
남성 의류 매장 DM — 204

10 | 대각선
건축회사의 DM — 206

11 | 대각선
편집숍 안내 DM — 208

12 | 삼각형
사진전 DM — 210

13 | 삼각형
인테리어 숍의 DM — 212

14 | 삼각형
농불원 캠페인 DM — 214

15 | 중앙원
과수원 DM — 216

16 | 중앙원
감사 카드 — 218

17 | 중앙원
크리스마스 케이크 DM — 220

| COLUMN | No.06 2가지 구도를 조합하여 활용성 ·········· 222

이 책에 나오는 디자인 작업물에 대해

이 책에 나오는 디자인 작업물은 저자의 작업 의도를 훼손하지 않기 위해 별도로 한글 작업화하지 않았습니다.
제공하는 예제 파일을 내려받아서 직접 폰트 등을 한글 폰트로 바꾸거나 하면서 한글 환경에 맞게 작업해 보길 권합니다.

폰트에 대해

이 책에서 소개하는 폰트는 일부 기본 탑재된 폰트를 제외하고, Adobe Fonts 또는 Morisawa Fonts에서 제공되는 것입니다. 이들은 각 회사에서 제공하는 폰트 구독 서비스입니다. Adobe Fonts 및 Morisawa Fonts의 자세한 내용이나 기술적인 지원에 대해서는 각사의 웹사이트를 참고해 주세요.

- 아도비 시스템즈 주식회사: https://www.adobe.com/jp/
- 주식회사 모리사와: https://morisawafonts.com/

※ 본서에서 소개하는 폰트는 위 서비스에서 2023년 1월 기준으로 제공되는 것입니다. 제공되는 폰트는 변경될 수 있으므로 미리 양해 부탁드립니다.

색상값에 대해

이 책에 게재된 색상값은 저자가 산출한 참고 값입니다. 모니터의 표시 환경, 인쇄할 소재나 프린터, 인쇄 방식에 따라 실제 인쇄된 색상과 화면에서 보이는 색상이 다를 수 있다. 이 점 미리 양해 부탁드립니다.

주의 사항

- 이 책에 기재된 회사명, 상품명, 상품명 등은 일반적으로 각 회사의 등록상표 또는 상표입니다. 본서에서는 TM 마크를 별도로 표기하지 않았습니다.
- 또한, 이 책의 예제에 등장하는 상품명, 매장명, 주소 등은 모두 가상의 것입니다.
- 이 책의 내용은 저작권법에 의해 보호받으며, 저자 및 주식회사 위키아카데미의 서면 허가 없이 본서의 일부 또는 전부를 무단으로 복사, 복제, 전재, 데이터 파일화하는 행위를 금지합니다.
- 이 책의 내용을 활용하는 과정에서 발생하는 어떠한 손해에 대해서도, 저자 및 주식회사 위키아카데미는 책임을 지지 않으므로 이 점 양해 부탁드립니다.

CHAPTER

01

배너

배너란 웹사이트에 있는 링크가 있는 이미지를 말한다.
다른 웹 사이트를 소개하는 광고의 역할을 한다.
배너 광고에서 가장 중요한 것은 클릭률이다.
보는 사람이 클릭을 하고 싶게 만드는 보기 쉽고
이해하기 쉬운 배너 디자인 만드는 방법을 소개한다.

CHAPTER 1

배너 | 01

황금비

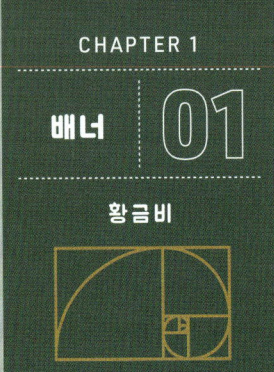

THEMA
인테리어 세일 배너

제목, 날짜, 로고 등 정보량이 적은 경우에도 황금비율을 활용하면 심플하면서도 통일감 있는 디자인을 완성할 수 있다.

STEP 1   블록 나누기

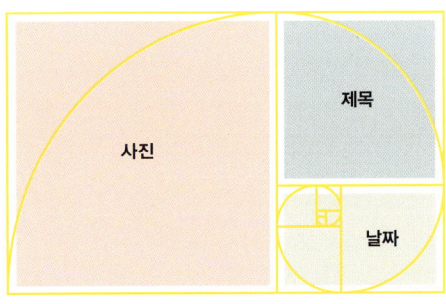

가로 위치의 황금비율에 따라 왼쪽은 사진, 오른쪽은 제목, 날짜로 크게 두 개로 나눈다.

정보
- 이미지 사진
- 제목
- 날짜

STEP 2   레이아웃

큰 블록부터 순서대로 어필하고 싶은 정보를 배치하면 자연스럽게 시선을 유도할 수 있다.

소재
- 이미지 사진
- 텍스트
- 로고

| STEP **3** | 디자인 | ✅ 폰트   ✅ 배색   ✅ 장식 |

간단하게 정보를 전달하고 싶을 때는 사진에 어울리는 같은 색 계열의 색을 사용하면 깔끔하게 정리할 수 있다.

Point!
'SALE'이라는 글자를 배경에 얇게 깔아 중요한 정보로 쉽게 인식되게 했다.

- **FONT**

제 목	Circe / Bold
날 짜	DIN Condensed / Bold
악센트	Fairwater Script / Bold

- **COLOR**

	RGB	197/163/108
	RGB	242/238/236
	RGB	127/91/59

 완성! ｜ 전하고 싶은 정보가 한눈에 들어오는 자연스럽고 심플한 배너 완성!

CHAPTER 1

배너 | 02

황금비

THEMA
남성 뷰티 특집 배너

황금비율은 회전시켜 세로로 사용하거나 뒤집어서 사용할 수도 있다. 이번에는 오른쪽으로 시선을 끄는 배너 디자인을 살펴보자.

STEP 1 | **블록 나누기**

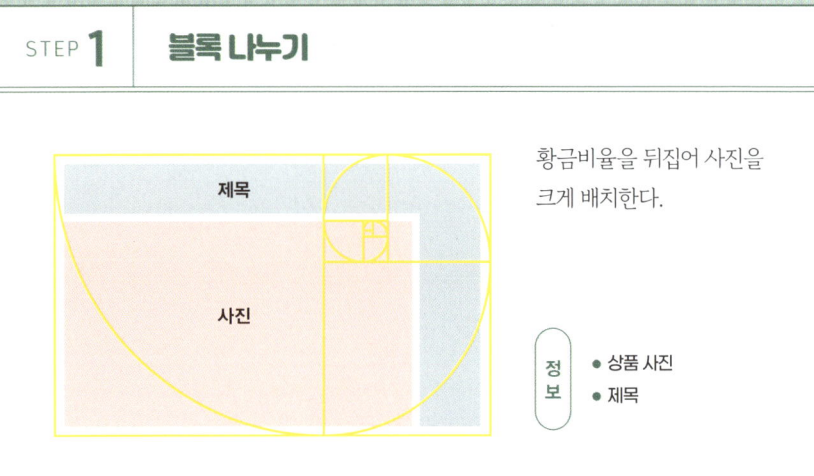

황금비율을 뒤집어 사진을 크게 배치한다.

정보
- 상품 사진
- 제목

STEP 2 | **레이아웃**

사진을 따라 제목을 배치하고, 황금비율의 소용돌이에 악센트 문자를 배치해 시선을 사로잡는다.

소재
- 상품 사진
- 텍스트

| STEP **3** | 디자인 | ✓ 폰트 ✓ 배색 ✓ 장식 |

상품을 방해하지 않는 레이아웃과 배색으로 정리한다. 녹색을 악센트로 사용했다.

Point!

악센트를 주고 싶은 글자는 색을 바꾸거나 비스듬히 배치하여 돋보이게 해보자!

● **FONT**

제 목	Agenda / Light · Thin
악센트	P22 Pooper Black Pro / Regular
브랜드명	Fairwater Script / Bold

● **COLOR**

	RGB	190/221/169
	RGB	0/0/0
	RGB	211/211/212

GOAL! 완성! 깔끔하고 심플하게 정리된 캐주얼한 상품 배너가 완성되었다!

021

CHAPTER 1

배너 | 03

삼분할

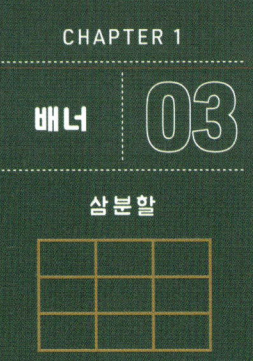

THEMA
카페 신메뉴 배너

비슷한 종류가 세 개 있을 때는 화면을 3등분하여 각각의 정보량이 균등하게 보이도록 디자인한다. 색상으로 구분하면 종류가 한눈에 구분된다.

STEP 1 블록 나누기

| 제목 |
| 상품 1 | 상품 2 | 상품 3 |
| | 상호명 | |

삼등분 가이드에 맞춰 정보의 위치를 정한다. 이번에는 세로로 3등분한다.

정보
- 3 종류의 상품
- 제목
- 상호명

STEP 2 레이아웃

각 영역에 3개의 사진을 배치한다. 정보를 균등하게 처리할 수 있도록 사진의 크기를 같게 하고, 상품명도 같은 위치에 배치한다.

소재
- 상품 사진
- 텍스트

STEP 3 디자인 ☑ 폰트 ☑ 배색 ☑ 장식

배경의 색상은 맛의 차이를 이미지화할 수 있는 3가지 색상으로 구분한다.

Point!
가독성이 중요하지 않은 문자체로 하면 좋은 악센트가 된다.

● FONT

제 목	A-OTF すずむし Std / M
상품명	Braisetto / Regular
상호명	Adobe Caslon Pro / Regular

● COLOR

	RGB	255/232/102
	RGB	172/220/234
	RGB	205/143/188

 완성! ∥ 3종류의 상품이 즉시 전달되는 톡톡 튀는 느낌의 디자인이 완성되었다.

CHAPTER 1

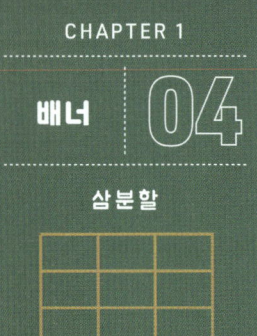

배너 **04**

삼분할

THEMA
패션 특집 배너

세 개의 분할된 블록 양쪽 끝에 2장의 사진을 배치한 배너. 그림을 양쪽 측면으로 나누고 제목을 중앙에 배치한 활용도가 높은 디자인이다.

STEP 1 　 블록 나누기

세로선을 따라 3개의 블록을 만들어서 등분한다. 등분은 균형이 잘 잡혀 보이는 포인트 중 하나다.

 정보
- 인물 사진
- 제목
- 로고

STEP 2 　 레이아웃

양쪽에 사진을 배치한다. 사진을 칸막이처럼 분할해 넣고 제목과 로고를 넣어 균형을 맞춘다.

 소재
- 인물 사진
- 텍스트
- 로고

STEP **3**　디자인　　　　　☑폰트　☑배색　☑장식

두 장의 사진에 우열을 가리지 않고 전체적인 통일감을 주기 위해 브라운 계열의 동색으로 통일한다.

Point!

악센트로 하고 싶은 문자는 필기체와 손글씨체를 사용하면 효과적!

• **FONT**

| 제　목 | EloquentJFSmallCapsPro / Regular |
| 부제목 | Baskerville Display PT / Bold |

• **COLOR**

RGB　223/204/195
RGB　131/85/50
RGB　182/79/44

　완성！　삼등분하여 사진을 넣기만 하면 된다！
내용이 간결하게 전달되는 배너가 완성되었다.

CHAPTER 1

배너 | 05

대칭

THEMA
패스트푸드 배너

기간 한정 메뉴를 알리는 배너 디자인. 둘 다 중요한 정보를 배너로 전달하고 싶을 때 2개로 분할된 대칭으로 디자인해 보자!

STEP 1　블록 나누기

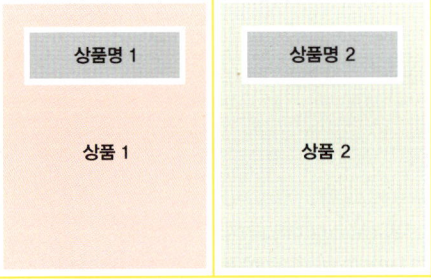

대칭에 따라 상품 정보를 각각 정확하게 반으로 나눈다.

정보
- 2 종류의 상품
- 상품명

STEP 2　레이아웃

좌우의 정보가 서로 대칭이 되도록 배치한다. 완전히 똑같이 배치하면 각각 별개의 디자인으로 보일 수 있으니 주의하자.

소재
- 상품 사진
- 텍스트

STEP 3 디자인 ☑폰트 ☑배색 ☑장식

한눈에 알아보고 차별화하기 쉬운 배색으로 눈에 띄게 하고 싶은 글꼴을 사선으로 배치해 시인성을 높인다!

Point!
대비가 강한 3가지 색을 사용하여 톡톡 튀는 발랄한 디자인으로!

• FONT
상품명	VDL ロゴ Jr ブラック / BK
카 피	ヒラギノ角ゴ StdN / W8
가 격	Acumin Pro ExtraCondensed / Bold

• COLOR
🟨	RGB	253/209/30
🟩	RGB	0/105/71
🟥	RGB	223/6/21

 완성!   톡톡 튀고 활기찬 컬러 배색임에도 불구하고 안정감 있고 정돈된 디자인으로 완성되었다.

CHAPTER 1

배너 | 06

대칭

THEMA
양과자점 신상품 소개

대칭은 안정감, 전통성, 권위 등의 인상을 주는 기법 중 하나다. 시크하고 고급스러운 디자인은 대칭의 효과를 극대화할 수 있다.

STEP 1 블록 나누기

중앙을 기준으로 2개의 블록으로 나눈다.

| 텍스트 | 사진 |

정보
- 텍스트
- 상품 사진

STEP 2 레이아웃

왼쪽은 텍스트, 오른쪽은 상품 사진을 배치한다. 이 시점에서 요소의 볼륨과 밸런스를 조정하여 대칭이 느껴지도록 한다.

소재
- 텍스트
- 일러스트
- 상품 사진

STEP 3 디자인

☑ 폰트 ☑ 배색 ☑ 장식

네이비를 메인 컬러로 사용해 시크하고 고급스러운 디자인으로 완성했다.

Point!

악센트인 필기체는 사진에서 색을 추출하여 균형 있게!

• FONT

제 목	VDL V 7 明朝 / U
악센트	Shelby / Regular
상호명	VDL V 7 明朝 / B

• COLOR

■	RGB 17/28/49
■	RGB 232/215/172
■	RGB 182/189/75

 완성! 색상과 모양, 배치와 볼륨에 신경을 써서 다양한 대칭에 도전해 보자!

CHAPTER 1

배너 | 07

대각선

THEMA
이동통신사 광고

기울임으로 인해 활기와 생동감이 느껴지는 대각선 구도는 특히 주목받고 싶은 정보를 강조하는 데 적합하다. 이를 활용해 활기찬 디자인을 만들어 보자.

STEP 1 블록 나누기

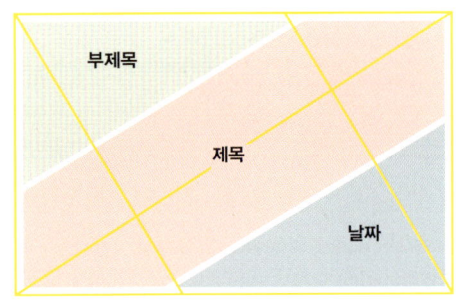

대각선 라인을 따라 블록을 나눈다. 제목은 크게 눈에 잘 띄도록 면적을 넓게 확보해 두자.

정보
- 제목
- 부제목
- 날짜

STEP 2 레이아웃

중앙 블록에 상품 정보를 모아 배치하고, 대각선이 교차하는 선에 정보가 오도록 하면 깔끔하게 정리할 수 있다.

소재
- 배경 소재
- 텍스트
- 로고

| STEP 3 | 디자인 | ☑ 폰트　☑ 배색　☑ 장식 |

아래에서 비스듬히 위로 시선을 유도할 수 있도록 제목 글꼴의 무게나 악센트 글꼴의 색을 바꿔보자.

Point!
기간, 날짜, 혜택 등 중요한 정보는 프레임으로 둘러싸면 눈길을 사로잡을 수 있다.

• FONT

제 목　Kiro / ExtraBold
　　　　A P-OTF A1 Gothic / Std

• COLOR

■ RGB　244/160/0
■ RGB　191/213/0
■ RGB　0/162/154

GOAL!　완성!　┃ 톡톡 튀는 제목이 돋보이는 생동감 넘치는 배너가 완성되었다!

CHAPTER 1

배너 | 08
대각선

THEMA
스킨케어 광고

요소는 그대로 두고 배경을 대각선에 따라 비스듬히 배치하여 움직임을 준 광고 배너. 진지함 속에서도 재미를 주고 싶을 때 배경에 움직임을 주면 좋다.

STEP 1 블록 나누기

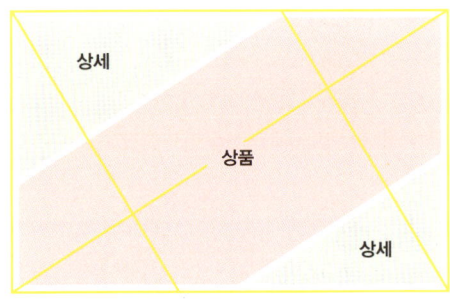

대각선 가이드를 따라 상품 정보 및 상세 정보 두 가지로 나눈다.

정보
- 상품 사진
- 상세 정보

STEP 2 레이아웃

중앙 블록에 상품 사진과 제목 등 주요 정보를 정리해 넣는다.

소재
- 상품 사진
- 텍스트

STEP 3 디자인

☑ 폰트 ☑ 배색 ☑ 장식

사용 중인 사진에서 컬러를 추출해 악센트로 활용하면 그것만으로도 통일감이 훨씬 높아진다.

Point!

파스텔톤 컬러에 블랙은 딱딱한 인상을 주므로 그레이로 귀여움을 주는 좋은 인상을 유지!

• FONT

제 목	Sofia Pro Soft / Bold
악센트	Braisetto / Bold
상세 정보	りょうゴシック PlusN / M

• COLOR

	RGB	255/248/160
	RGB	238/180/178
	RGB	76/73/72

GOAL! 완성!

요소가 적고 심플한 디자인이라도 배경을 대각선으로만 배치하면 움직임이 있는 배너가 완성된다.

CHAPTER 1
배너 | 09
삼각형

THEMA
대학 개교 알림 배너

삼각형의 정점에 피사체를 배치한 구도 디자인. 눈에 보이지 않는 삼각형을 의식함으로써 깊이감과 안정감을 주는 효과가 생긴다.

STEP 1 블록 나누기

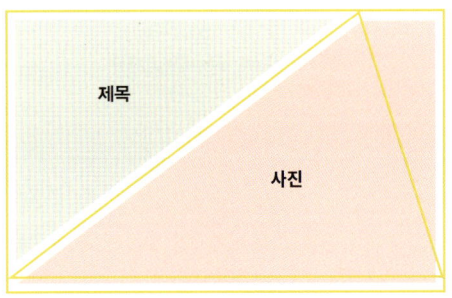

삼각형의 선에 맞춰 제목, 사진으로 나눈다.

정보
- 인물 사진
- 제목

STEP 2 레이아웃

텍스트는 삼각형을 따라 배치한다. 보이지 않는 선을 감안해 가면서 레이아웃을 한다.

소재
- 인물 사진
- 텍스트
- 로고

STEP 3 디자인

✓ 폰트　✓ 배색　✓ 장식

상큼한 느낌을 주는 산뜻한 컬러 배색으로 마무리한다.

Point!

제목은 과감히 손글씨 글자를 사용하여 친근감 있는 디자인으로.

• FONT

정　보　　りょうゴシック PlusN / M

• COLOR

RGB　53/98/174
RGB　186/216/241
RGB　255/247/152

GOAL! 완성!

삼각형 모양으로 구도를 잡은 후 균형 잡힌 안정감 있는 디자인 완성!

CHAPTER 1
배너
10
삼각형

THEMA
스포츠 이벤트 배너

역삼각형 구도로 레이아웃한 배너. 삼각형 레이아웃은 역동적인 느낌을 주고 싶을 때 가장 효과적인 기법이다.

STEP 1 블록 나누기

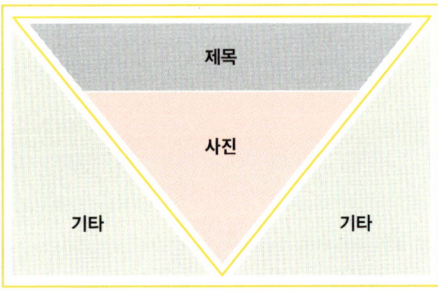

역삼각형의 선에 맞춰 제목, 사진 및 기타 정보를 나누어 배치한다.

정보
- 인물 사진
- 제목
- 기타

STEP 2 레이아웃

삼각형의 세 꼭짓점을 의식해서 제목, 인물, 부제목을 배치한다.

소재
- 인물 사진
- 텍스트
- 로고

STEP **3** 디자인 ☑ 폰트 ☑ 배색 ☑ 장식

사진을 글자 위로 덮어 씌워 마치 튀어나온 듯한 임팩트 있는 디자인을 완성했다.

Point!
보다 생동감이 전달될 수 있도록 배경은 심플하게.

● FONT

제 목	DIN Condensed / Bold
부제목	Zen Antique Soft / Regular
악센트	りょうゴシック PlusN / M

● COLOR

■	RGB	0/0/0
■	RGB	199/180/106
■	RGB	0/61/127

 완성! ▎사진이나 텍스트를 배치하는 방법에 따라 역동성과 원근감이 느껴지는 디자인으로 완성되었다.

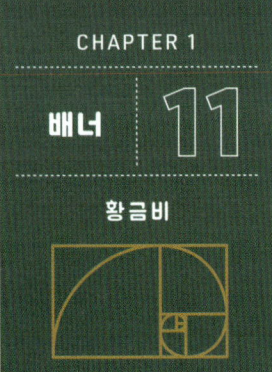

CHAPTER 1
배너 | 11
황금비

THEMA
취업 사이트 배너

정사각형 배너에도 황금비를 적용해 보자. 글자가 많아도 화면을 효율적으로 사용하면 깔끔한 디자인을 만들 수 있다.

STEP 1 | 블록 나누기

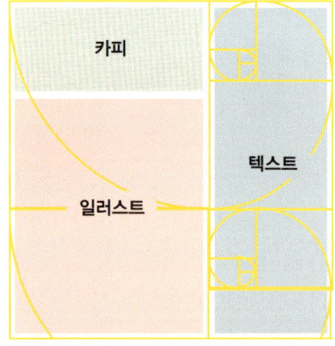

정사각형 배너에 황금비를 2개 사용해 제작한다. 오른쪽은 텍스트, 왼쪽은 일러스트를 메인으로 세로로 나눈다.

정보
- 일러스트
- 카피
- 텍스트

STEP 2 | 레이아웃

일러스트를 메인으로 하고 싶으므로 일러스트 부분은 크게. 오른쪽 하단의 영역에도 작은 황금비율로 글자를 배치한다.

소재
- 일러스트
- 텍스트

STEP 3 디자인

☑ 폰트 ☑ 배색 ☑ 장식

적은 색상과 고딕체로 깔끔한 인상을 준다.

Point!
황금비 곡선 위에 요소를 배치하면 시선의 움직임에 맞춰 눈에 잘 띈다.

• FONT
제 목	A P-OTF A1 Gothic Std / M
카 피	A P-OTF A1 Gothic Std / B
No.1	A-OTF 見出ゴ MB31 / Pr6

• COLOR
■	RGB	74/173/184
■	RGB	0/120/154
■	RGB	251/196/0

GOAL! 완성!

카피 & 일러스트 → 제목으로
시선이 자연스럽게 흐르는 배너가 완성되었다!

CHAPTER 1

배너 | 12

중앙원

THEMA
여행 광고 배너

화면을 4분할하여 한가운데에 제목을 배치한 중앙원 구도이다. 초보자도 쉽게 디자인할 수 있는 배너의 기본 구도이다.

STEP 1 　 블록 나누기

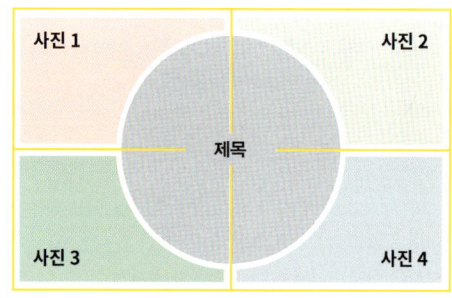

4등분하여 중앙에 동그라미를 넣고 제목 영역을 설정한다.

정보
- 이미지 사진
- 제목

STEP 2 　 레이아웃

각 사진의 주요 모티브가 원을 지나치게 가리지 않도록 자른다. 그러고 나서 원 안에 제목과 세부 정보를 배치한다.

소재
- 이미지 사진
- 텍스트

STEP 3 디자인

☑ 폰트 ☑ 배색 ☑ 장식

제목에 프레임이나 장식으로 분위기를 연출한다. 단순한 구도이므로 여기에 감각적인 포인트를 주는 것도 좋다.

Point!

동그라미를 투명하게 처리하면 상쾌하게 섬이나 바다를 연상시키는 이미지가 된다. 사진도 잘보이고...

● FONT

제목	A P-OTF くれたけ銘石 StdN / B
상세 설명	AB-suzume / Regular
영문 제목	A P-OTF A1 Gothic Std / M

● COLOR

RGB 140/191/212
RGB 99/172/205

GOAL / 완성! 섬이나 바다에 가고 싶어지는 상쾌한 디자인 완성!

041

CHAPTER 1
배너 13 — 삼분할

THEMA
어버이날 배너

정돈되고 차분한 인상을 주는 삼분할 구도. 텍스트 부분과 이미지 부분으로 나뉜 디자인으로 정보가 정리된 정사각형 배너를 제작해 보자.

STEP 1 블록 나누기

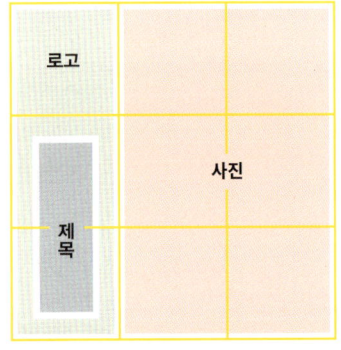

삼분할 가이드선에 따라 상품 사진은 오른쪽, 문자 정보는 왼쪽으로 묶어 나눈다.

정보
- 이미지 사진
- 제목
- 로고

STEP 2 레이아웃

상품 사진은 오른쪽 2개 블록을 사용하여 큰 레이아웃으로 배치. 매장명 로고, 제목은 삼분할된 블록에 들어갈 수 있도록 배치.

소재
- 이미지 사진
- 텍스트
- 로고

STEP 3 디자인   ☑폰트 ☑배색 ☑장식

블록별로 배경을 색으로 구분하여 좀 더 삼분할 구도를 의식한 디자인.

Point!

꽃 사진에 맞춘 따뜻한 색을 배경색으로 설정하여 여성스러운 인상의 배너로 완성된다.

• FONT

| 제목 | 源ノ明朝 / Regular |
| 날짜 | Europa / Bold |

• COLOR

- RGB 241/144/105
- RGB 244/165/130
- RGB 253/232/219

GOAL! 완성! ∥ 깔끔하게 삼등분된 규칙적인 레이아웃도 딱딱하지 않고 부드러운 느낌의 디자인으로 완성되었다.

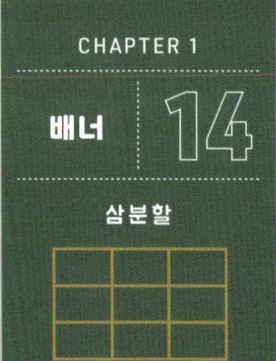

CHAPTER 1

배너 | 14

삼분할

THEMA
도넛 프로모션 배너

상하좌우 3등분한 9개의 블록을 기준으로 디자인해 보자.
딱딱하지 않은 이미지로 완성하는 것에 주의하자!

STEP 1　블록 나누기

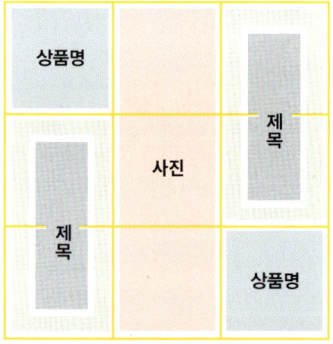

삼분할의 상하좌우에 맞춰 위치를 정한다. 상품 사진은 중앙에 크게 배치한다.

정보
- 이미지 사진
- 제목
- 상품명

STEP 2　레이아웃

각각의 위치에 맞춰 상품명, 제목 등을 배치한다. 사진은 과감하게 중앙에 배치한다

소재
- 이미지 사진
- 텍스트
- 로고

STEP 3 디자인

☑ 폰트　☑ 배색　☑ 장식

대각선으로 구분된 배경이 리듬을 만들어내어 즐거운 느낌을 준다.

Point!

상품 사진에 맞춰 2가지 색상을 포인트로 사용함으로써 상품의 차이를 쉽게 알 수 있다.

• FONT

제　목	AB-kirigirisu / Regular
상품명	墨東レラ / 5

• COLOR

- RGB 238/171/163
- RGB 196/98/48
- RGB 212/68/107

GOAL! 완성!

겉보기에는 화려하고 번잡해 보이지만, 3분할을 통해 글자와 사진의 배치가 정돈되어 보기 편한 레이아웃으로 바뀌었다.

CHAPTER 1

배너 | 15

대각선

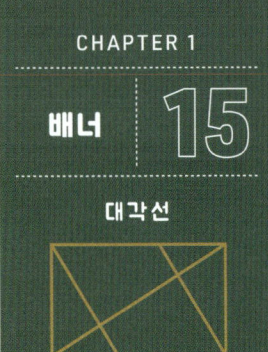

THEMA
인테리어숍 배너

대각선 두 개로 나누는 구도로 대각선 사진을 많이 사용한 배너 디자인에 도전해 보자. 사진과 글자를 명확하게 구분하여 한눈에 알아볼 수 있는 디자인이다.

STEP 1 블록 나누기

대각선으로 위아래로 블록을 만든다. 여기서는 가장 넓은 블록에 상품 사진을 넣는다.

정보
- 이미지 사진
- 제목
- 로고

STEP 2 레이아웃

여러 장의 사진을 규칙적으로 배치하여 깔끔하게. 하단에 텍스트를 배치한다.

소재
- 이미지 사진
- 텍스트
- 로고

046

| STEP 3 | 디자인 | ☑ 폰트 ☑ 배색 ☑ 장식 |

대각선 각도에 맞춰 사각형으로 사진을 자른다.

Point!
문자가 들어 있는 블록은 색감을 조절하여 디자인하면 사진에 더 눈길이 가게 할 수 있다.

• **FONT**

| 제목 | Sweet Sans Pro / Medium |
| 악센트 | Professor / Regular |

• **COLOR**

| ■ (연주황) | RGB 244/165/130 |
| ■ (검정) | RGB 0/0/0 |

GOAL! 완성! 어려워 보이는 대각선도 사진이 잘 어울리는 디자인으로 완성되었다.

THEMA
샘플 증정 배너

정사각형에 정삼각형을 넣어 하단에 무게중심이 있는 배너 디자인. 좌우에 생긴 여백으로 깔끔하게 마무리.

STEP 1 블록 나누기

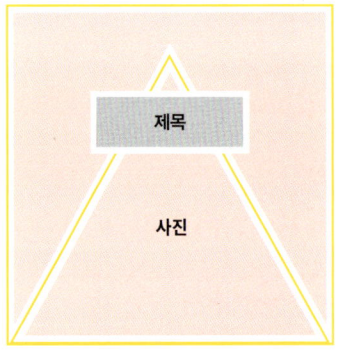

정사각형에 정삼각형이 들어가는 구도로 블록을 나눈다. 상품이 정삼각형 안에 들어갈 수 있는 사진을 선택한다.

정보
- 이미지 사진
- 제목

STEP 2 레이아웃

제목과 글자 정보는 정삼각형에 따라 배치하는 것이 좋다.

소재
- 이미지 사진
- 텍스트

STEP **3**   디자인   ☑ 폰트 ☑ 배색 ☑ 장식

사진을 배치하고 상품이 잘보이도록 글자를 배치한다.

Point!

악센트 텍스트는 보색을 사용하여 시인성을 더욱 향상시키자!

• FONT

제 목	りょう Display PlusN / M
부제목	平成角ゴシック Std / W7
악센트	MrSheffield Pro / Regular

• COLOR

	RGB 223/228/192
	RGB 71/99/55
	RGB 239/133/125

GOAL! 완성! 디자인의 무게 중심이 하단에 있어 안정감이 있고, 신뢰감 있고 산뜻한 배너 디자인이 되었다.

CHAPTER 1

배너 | 17

중앙원

THEMA
신작 미식가 배너

중앙의 사진에 시선이 집중되는 심플한 배너 디자인.
글자 넣는 방법도 심플하게 하여 여백의 효과도 살리자.

STEP 1 　 블록 나누기

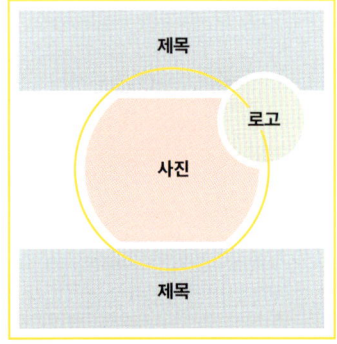

중앙원에는 상품 사진, 제목이나 상호명 로고는 사진에 방해가 되지 않도록 가장자리에 배치했다.

정보
- 이미지 사진
- 제목
- 로고

STEP 2 　 레이아웃

사진 위에 문자 정보를 배치하면서도 리듬감 있는 레이아웃.

소재
- 이미지 사진
- 텍스트
- 로고

| STEP 3 | 디자인 | ☑ 폰트 ☑ 배색 ☑ 장식 |

상품이 돋보일 수 있도록 부드러운 색감으로 정리한다.

Point!
배경과 문자도 부드럽게 상하로 블록화함으로써 내용을 이해하기 쉽게 한다!

• FONT
제 목	BC Alphapipe / Regular
날 짜	Triplex Cond Sans OT / Regular
부제목	貂明朝テキスト / Regular

• COLOR
■	RGB	197/171/144
■	RGB	239/237/223
■	RGB	207/121/18

 완성! 전하고 싶은 정보가 한눈에 들어오는 자연스럽고 심플한 배너 완성!

051

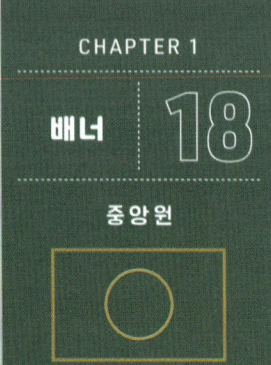

CHAPTER 1

배너

18

중앙원

THEMA
여름 세일 배너

중앙원 방식으로 중앙에 큰 숫자를 배치하여 눈에 띠게 하는 레이아웃. 세일 광고처럼 숫자로 어필하고 싶을 때 효과적이다.

STEP 1 | 블록 나누기

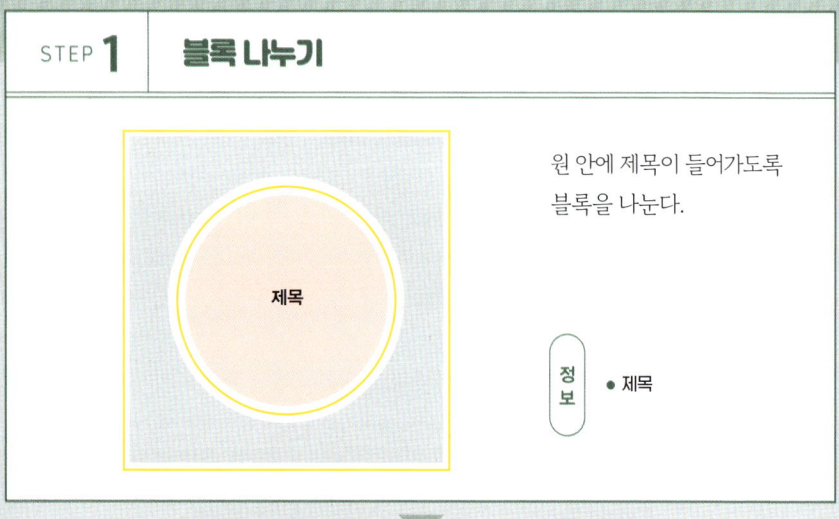

원 안에 제목이 들어가도록 블록을 나눈다.

정보 ● 제목

STEP 2 | 레이아웃

세일 공지에 필요한 모든 글자를 중앙의 원 안에 배치한다.

소재 ● 텍스트

STEP **3** 디자인　　　☑ 폰트　☑ 배색　☑ 장식

원의 바깥쪽에 아무것도 배치하지 않음으로써 중앙이 더 눈에 띈다.

Point!

심플한 디자인일 때는 텍스트를 입체적으로 만들어 넣어 눈에 띄게 하자!

• **FONT**

제　목	Oswald / SemiBold
악센트	Dolce / Medium
상세 정보	平成角ゴシック Std / W7

• **COLOR**

	RGB 159/217/246
	RGB 243/153/53
	RGB 248/181/55
	RGB 255/242/0

 완성! ‖ 중앙에 모아진 글자가 눈에 띄는 중앙원 구도의 디자인이 완성되었다!

COLUMN No. 01

크기, 형태를 의식하자!
배너 사이즈 전개 포인트

배너 광고를 제작할 때 동일한 디자인으로 다양한 사이즈의 배너를 제작해야 하는 경우가 종종 있다. 크기가 달라지면 당연히 정보량과 레이아웃도 달라진다. 최대한 매끄럽게 마무리할 수 있도록 각 사이즈에 맞는 정보량과 포인트를 소개한다.

배너의 종류

배너의 종류에는 직사각형, 정사각형, 일반 배너, 스카이스크래퍼, 모바일 배너의 5가지 종류가 있다. 그중에서도 크기가 세분화되어 있는데, 여기서는 일본에서 많이 쓰이는 배너의 크기를 소개한다.

• 일반적인 배너 크기 예시 •

직사각형	300 × 250, 336 × 280, 240 × 400	사이드 칼럼(사이드바)에 표시되는 경우가 많다. 가장 표준적인 크기.
정사각형	200 × 200, 250 × 250, 600 × 600	PC와 스마트폰 모두에 대응하며, 사용 빈도가 높은 사이즈이다.
일반	728 × 90, 468 × 60	메인 콘텐츠의 상단이나 하단, 콘텐츠 간 단절된 부분에 배치되는 경우가 많은 크기이다.
스카이 스크래퍼	120 × 600, 160 × 600, 300 × 600	'초고층 빌딩'이라는 의미를 가진 세로형 배너. 큰 사이즈로 존재감이 있다.
모바일	350 × 50, 320 × 100, 640 × 100	모바일, 스마트폰에서 많이 사용하는 사이즈. 스크롤로 따라가는 타입도 있다.

※ 단위는 픽셀 (pixel)

TYPE 1 ▮ 직사각형

직사각형 사이즈는 배너 중에서도 가장 흔히 볼 수 있는 크기이다. 전달하고자 하는 내용의 우선순위를 정하고 글자 크기, 레이아웃, 색상 등을 결정해 디자인한다.

TYPE 2　정사각형

요소를 너무 많이 집어넣으면 복잡해지고 읽기 어려운 배너가 된다. 전달하고 싶은 정보는 중앙에 집중시키고, 주변의 여백을 균형있게 확보하는 것이 중요하다.

TYPE 3　일반

왼쪽에서 오른쪽으로 시선이 흐르도록 디자인하는 것이 중요하다. 마지막에 클릭하고 싶게 만드는 레이아웃을 생각해 보자!

TYPE 4　스카이스크래퍼

넓은 광고 공간을 활용할 수 있는 스카이스크래퍼 배너. 시선의 흐름을 고려하여 정보를 배치하는 것이 좋다. 가장 눈에 띄고 싶은 정보(사진의 경우 피사체)를 가운데보다 약간 위에 배치하면 시선을 끌기 쉽다.

TYPE 5　모바일

가장 작은 사이즈의 배너로 이것저것 정보를 너무 많이 넣는 것은 금물이며, 정보량을 최소화하고 가독성을 중시해야 한다.

구도에 따라 달라지는 인상과 활용 사례
6 가지 구도로 비교해보자!

이 장에 나온 예제를 다른 구도로 만들어 보았다. 구도에 따라 인상과 효과가 어떻게 달라지는지 디자인을 비교해보자!

01 황금비

사진과 텍스트 부분을 두 개로 나누고, 황금비의 나선에 따라 상세 정보 등을 배치한 레이아웃이다.

02 삼분할

풍경, 인물, 정물도 삼분할을 따라 배치하면 안정감이 생긴다.

03 대각선

텍스트를 대각선으로 배치함으로써 움직임이 생긴다. 스타일리시하고 인상에 남는 디자인으로.

04 중앙원

시선을 중앙으로 모을 수 있는 중앙원 구도. 사진을 글자로 둘러싸서 활기찬 디자인으로.

05 대칭

신뢰감과 안정감을 주는 대칭 구도. 번잡한 디자인도 정돈되어 보인다.

06 삼각형

무게 중심을 아래로 두면 안정감이 생긴다. 역삼각형으로 레이아웃하면 역동성을 표현할 수 있다.

CHAPTER

02

SNS

정보 제공, 브랜드 이미지 구축, 팬 확보 등
다양한 목적으로 활용되고 있는 SNS.
이 장에서는 홍보 및 공지 등의 게시 이미지와
동영상 썸네일 디자인에 대해 소개한다.

CHAPTER 2
SNS 01
황금비

THEMA
건축사무소 광고

사진의 여백을 황금비 구도에 맞춘 심플한 디자인. 한눈에 의미를 파악할 수 있는 광고 디자인은 사용자의 마음을 사로잡는 포인트다.

STEP 1 블록 나누기

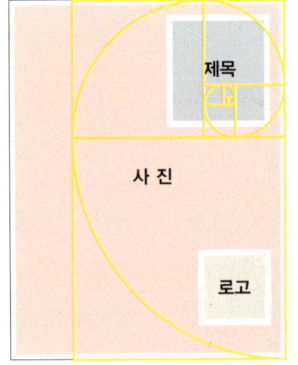

전면에 사진을, 소용돌이 곡선을 따라 제목과 로고를 나누어 배치한다.

정보
- 이미지 사진
- 제목
- 로고

STEP 2 레이아웃

사진도 황금비율의 구도를 의식해 선정하고 배치해 보자.

소재
- 이미지 사진
- 텍스트
- 로고

STEP 3 디자인 ✓폰트 ✓배색 ✓장식

내용을 한눈에 알 수 있도록 그린 컬러를 사용했다. 한 가지 색상으로 심플하게.

Point!
제목 바탕에 배치한 투명 오브젝트의 색상은 사진에서 추출하여 통일감을 준다.

• **FONT**

제 목 : りょうゴシック PlusN / M
부제목 : Arya / Double

• **COLOR**

RGB 41/68/35

GOAL! 완성!

정보량이 적은 디자인도 황금비율로 레이아웃하면 균형 잡힌 디자인을 완성할 수 있다.

CHAPTER 2
SNS 02
대칭

THEMA
SNS 포스팅 이미지

모든 요소를 중앙에 배치하여 조화로운 인상을 주는 디자인. 악센트로 비대칭적인 요소를 추가하면 디자인에 생동감을 불어넣을 수 있다.

STEP 1 블록 나누기

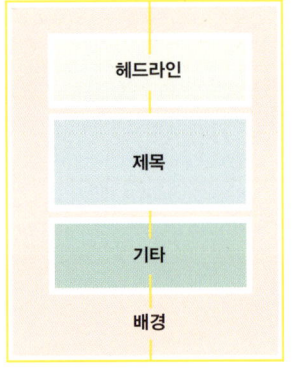

중앙의 가이드라인에 맞춰 헤드라인, 제목, 기타 정보가 중앙에 위치할 수 있도록 블록을 나눈다

정보
- 배경
- 헤드라인
- 제목
- 기타

STEP 2 레이아웃

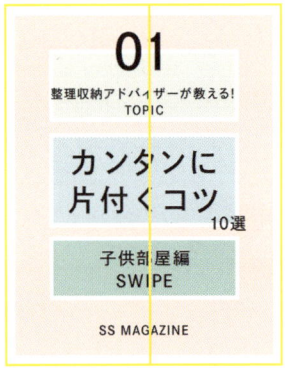

좌우 대칭으로 레이아웃. 안정감은 있지만, 자칫하면 진부한 느낌이 들기 쉬우므로 무게중심이나 다른 요소로 움직임을 주는 구상이 필요하다.

소재
- 텍스트

STEP 3 디자인
☑ 폰트　☑ 배색　☑ 장식

띠를 깔아 아래쪽에 무게 중심을 둔다. 반대로 상단에 무게 중심을 두면 긴장감 있는 디자인이 된다.

Point!
'10選'을 중앙이 아닌 오른쪽 아래에 배치하여 비대칭적인 부분을 만들어 디자인에 동적인 느낌을 주고 있다.

• FONT
제　목　　平成丸ゴシック Std / W8
부제목　　New Atten Round / Bold

• COLOR
■　RGB　85/172/152
■　RGB　247/190/183
■　RGB　255/232/147

GOAL! 완성!

화려한 색상과 요소라도 대칭적인 구도로 깔끔하게 정돈된 디자인으로!

CHAPTER 2
SNS | 03
대각선

THEMA
스트레칭 SNS 게시 이미지

대각선 구도로 움직임이 느껴지는 디자인. 인물 사진에도 사용하기 쉬우며, 깔끔한 인상을 준다.

STEP 1 　블록 나누기

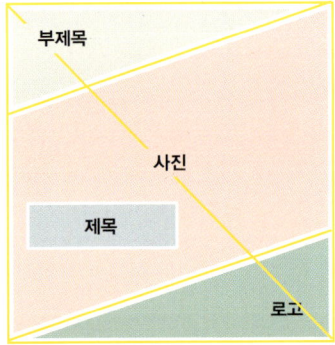

대각선을 따라 삼각형의 공간을 만들어 제목과 부제목, 로고를 넣는다.

정보
- 인물 사진
- 제목
- 부제목
- 로고

STEP 2 　레이아웃

각 영역에 제목, 부제목, 로고 등을 배치한다.

소재
- 인물 사진
- 텍스트
- 로고

STEP 3 디자인

☑ 폰트 ☑ 배색 ☑ 장식

글꼴을 비스듬히 기울이면 움직임이 생긴다. 마감을 약간 투명하게 하면 깔끔한 느낌을 준다.

Point!

제목에 라인을 추가하거나 텍스트 크기를 다르게 해서 강약을 주어 디자인에 더 큰 포인트를 주자.

• **FONT**

제목   ヒラギノ ゴシック / W7

• **COLOR**

 RGB 202/218/41

GOAL! 완성!

깔끔하면서도 대각선 구도로 움직임이 있는 디자인을 완성했다.

CHAPTER 2

SNS 04

삼분할

THEMA
요리 레시피 게시 이미지

사진과 제목의 비율에 강약을 준 디자인.
사진이 확 눈에 띄는 디자인을 만들어 보자!

STEP 1 블록 나누기

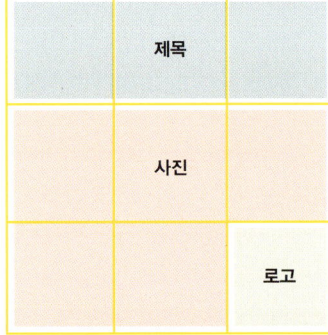

세 개의 분할 영역에 따라 제목, 로고, 사진 등 세부적인 순서로 나누어 배치한다.

정보
- 이미지 사진
- 제목
- 로고

STEP 2 레이아웃

사진을 배경으로 사용하고 블록으로 나눈 공간에 제목과 로고를 배치한다.

소재
- 이미지 사진
- 텍스트
- 로고

STEP 3 디자인 ☑폰트 ☑배색 ☑장식

제목의 배경에 완만한 원을 넣어 부드러운 느낌으로 마무리한다.

Point!
제목의 "作り置き" 위에 점을 배치하여 중요한 단어를 강조하고 있다.

• FONT

제 목	DNP 秀英明朝 Pr6 / M
부제목	ヒラギノ ゴシック / W4

• COLOR

	RGB	255/254/248
	RGB	105/68/54

GOAL! 완성!

삼분할 구도에 제목과 사진이 균형 있게 배치되어 알아보기 쉬운 디자인으로 완성되었다.

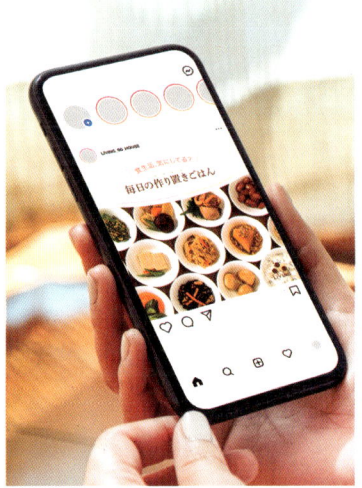

CHAPTER 2

SNS | **05**

중앙원

THEMA
펫 살롱 매장 소개

사진 중앙에 로고를 배치한 중앙원 구도의 디자인. 시각적으로 어필하고 싶을 때는 로고를 과감하게 배치하는 것도 방법 중 하나다.

STEP 1 | **블록 나누기**

중앙원 구도 가이드를 따라 간단하게 사진과 로고를 나누어 배치하는 방법이다.

정보
- 이미지 사진
- 로고

STEP 2 | **레이아웃**

사진을 전면에, 로고를 중앙에 배치. 기타 정보는 상하좌우에 배치.

소재
- 이미지 사진
- 텍스트
- 로고

STEP 3　디자인

☑ 폰트　☑ 배색　☑ 장식

멋진 디자인에 흰색 테두리를 넣어 친근감을 더했다.

Point!
로고 아래에 투명 오브젝트를 깔아서 배경 사진과 로고가 지나치게 겹치지 않도록 조정하자.

• **FONT**

제 목　｜　Poppins / Bold

• **COLOR**

RGB　50/52/52
RGB　103/102/102
RGB　249/193/93

GOAL!　완성!

브랜드 이미지를 시각적으로 직관적으로 전달할 수 있는 중앙원 구도의 디자인이 완성되었다.

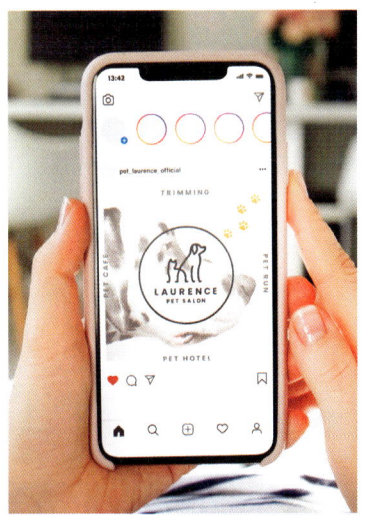

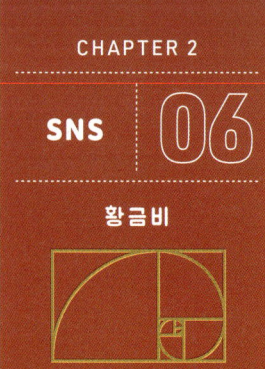

CHAPTER 2
SNS 06
황금비

THEMA
의류 매장 광고

언뜻 보면 서로 어긋나 보이는 레이아웃도 황금비 가이드에 맞춰서 배치하면 아름답게 정돈된 디자인으로 완성된다.

STEP 1 블록 나누기

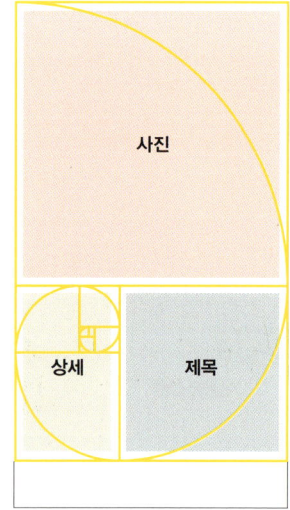

소용돌이가 큰 곳부터 사진, 제목, 상세 정보 순으로 블록을 나눈다.

 정보
- 인물 사진
- 제목
- 상세 정보

STEP 2 레이아웃

사진 속 인물이 블록으로 나눈 사각형 부분에 들어갈 수 있도록 배치한다.

 소재
- 인물 사진
- 텍스트
- 배경 소재

STEP 3　디자인　　　☑ 폰트　☑ 배색　☑ 장식

깔끔한 느낌에 장난기를 더하고 싶어서 손글씨 느낌의 글꼴로 포인트를 주었다.

Point!
사진에 흰 테두리를 추가해서 즉석 카메라 사진풍의 느낌으로 완성!

● FONT

제 목	Turbinado / Bold Pro
부제목	Davis Sans / Medium

● COLOR

RGB　240/227/205
RGB　0/0/0
RGB　191/168/108

 완성!　｜｜ 손글씨 느낌의 글꼴로 포인트를 주어 세련되면서도 재치 있는 디자인으로 완성했다.

CHAPTER 2

SNS | 07

대각선

THEMA
신메뉴 안내

대각선으로 늘어선 주먹밥 사진과 텍스트를 대각선 라인을 따라 배치해 깊이감 있는 디자인을 완성했다.

STEP 1 　 블록 나누기

대각선을 따라 사진, 장식, 제목의 문구 종류에 따라 블록으로 나눈다.

정보
- 이미지 사진
- 제목
- 기타

STEP 2 　 레이아웃

텍스트, 장식을 각각 대각선 방향으로 배치한다.

소재
- 이미지 사진
- 텍스트
- 장식 재료

STEP 3 　 **디자인**　　　　☑ 폰트　☑ 배색　☑ 장식

일본풍의 분위기를 표현하고 싶어서 제목에 붓글씨를 사용했다.

Point!
제목 아래에 흰 배경을 깔아서 붓글씨 폰트의 인상을 더욱 강조하고 있다.

• **FONT**

제 목	AB 好恵の良寛さん / DB
서 브	DNP 秀英角ゴシック金 Std / B

• **COLOR**

	RGB	255/255/255
	RGB	0/0/0

GOAL! 완성!
제목과 장식이 대각선 방향으로 배치되어 깊이감 있는 디자인이 완성되었다!

CHAPTER 2
SNS 08
중앙원

THEMA
사과 따기 광고

컷 아웃된 사진을 중앙에 배치한 디자인. 중앙원 구도와 톡톡 튀는 컬러 배색으로 시선을 사로잡는 디자인을 만들어 보자!

STEP 1 블록 나누기

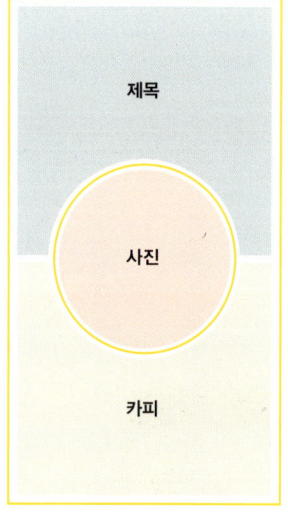

중앙원을 따라 가운데에 사진, 제목과 카피를 위아래로 블록으로 나눈다.

정보
- 이미지 사진
- 제목
- 카피

STEP 2 레이아웃

가장 먼저 넣고자 하는 제목을 상단에, 메인 사과 사진을 사이에 두고 하단에 카피를 배치했다.

소재
- 이미지 사진
- 텍스트

STEP 3 디자인 ✓폰트 ✓배색 ✓장식

배경에 줄무늬를 깔아 톡톡 튀고 재미있는 디자인으로. '青森'의 폰트는 'りんご狩り'와 차별화.

Point!
'Apple Picking'은 장식으로 생각하고, 가독성보다 분위기를 우선으로 해서 폰트를 선택했다.

• FONT

제 목	平成丸ゴシック Std / W8
카 피	DNP 秀英丸ゴシック Std / B
악센트	Pauline Script / Medium

• COLOR

🟥 RGB 214/51/42
🟫 RGB 132/65/34
🟩 RGB 129/185/39

 완성!

커다란 빨간 사과가 눈에 확 들어오는 인상적인 디자인으로 완성되었다.

CHAPTER 2
SNS | 09
황금비

THEMA
VLOG 썸네일

황금비율에 맞게 잘라낸 서로 다른 사진이 인상적인 썸네일. 흥미를 유발하고 싶을 때는 조금 튀는 디자인으로 완성해 보자!

STEP 1 | **블록 나누기**

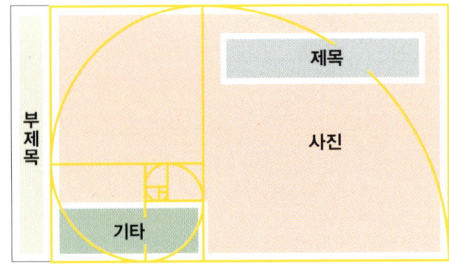

가로 위치의 황금비율에 따라 제목, 사진 등을 대략적으로 배치한다.

정보
- 이미지 사진
- 제목
- 부제목
- 기타

STEP 2 | **레이아웃**

황금비율의 곡선을 따라 사진을 번갈아 가며 배치한다. 텍스트도 곡선을 따라 배치한다.

소재
- 이미지 사진
- 텍스트

STEP 3 　디자인

☑ 폰트　☑ 배색　☑ 장식

2가지 컬러의 블루로 통일감을 주어 산뜻함과 통일감을 연출한다.

Point!
손글씨 장식과 폰트를 사용해 캐주얼하고 가벼운 인상을 주었다.

• FONT

제　목　　Arvo / Bold
　　　　　ヒラギノ角ゴ ProN / W6

• COLOR

RGB　135/163/183
RGB　82/125/157

완성！　조금 복잡한 레이아웃도 황금비율 가이드를 따라 요소를 배치하면 깔끔하게 정리할 수 있다.

CHAPTER 2

SNS | 10

삼분할

THEMA

대담 동영상 썸네일

양쪽에 인물 사진을 배치한 삼분할 구도의 디자인.
사진과 글자를 넣는 방법을 달리해 경쾌하고 밝은 디자인으로 구성했다.

STEP 1 블록 나누기

중앙에 제목, 양쪽에 사진으로, 3개의 블록으로 나눴다.

정보
- 인물 사진
- 제목

STEP 2 레이아웃

삼분할을 의식하면서 리듬감 있게 텍스트를 배치해 나간다.

소재
- 인물 사진
- 텍스트

| STEP 3 | 디자인 | ☑폰트 ☑배색 ☑장식 |

테마에 맞게 폰트도 컬러도 경쾌한 분위기의 것을 선택했다.

Point!
다채로운 동그라미와 테두리 글자로 'ラク'라는 즐거운 이미지를 만들었다.

• **FONT**

| 제 목 | Circe / Bold |
| 인물명 | DIN Condensed / Bold |

• **COLOR**

- RGB 197/163/108
- RGB 250/214/194
- RGB 166/206/170
- RGB 255/231/146

GOAL! 완성! ▎정돈된 삼분할도 사진이나 글자를 리듬감 있게 배치하면 경쾌한 느낌을 줄 수 있다.

077

CHAPTER 2

SNS **11**

대칭

THEMA
토크 세미나 썸네일

제목을 중앙에 크게 배치하고 좌우에 인물 사진을 크게 배치한다. 인물 이름만 상하로 나누어 대칭적이면서도 움직임이 느껴지는 디자인으로 한다.

STEP 1 블록 나누기

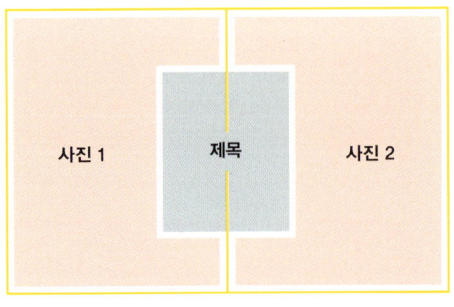

대칭이 되도록 크게 2개의 가로 블록으로 나누고 사진을 연결하는 제목 공간도 확보한다.

정보
- 인물 사진
- 제목

STEP 2 레이아웃

좌우의 인물이 보이게끔 중앙에 글자를 배치한다.

소재
- 인물 사진
- 배경 소재
- 텍스트

STEP 3 디자인

☑ 폰트 ☑ 배색 ☑ 장식

눈에 띄게 하고 싶은 제목은 바탕색과 테두리로 감싼 디자인으로.

Point!

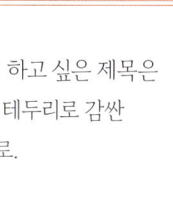

사진을 흑백으로 만들어서 쿨하고 엣지 있는 이미지를 만들었다.

● FONT

제 목	小塚ゴシック Pr6N / L
	小塚ゴシック Pr6N / H
인물명	凸版文久ゴシック Pr6N / DB

● COLOR

■ RGB 0/37/55
□ RGB 255/255/255

 완성!

대칭적인 레이아웃과 흑백사진의 효과로 보는 사람의 흥미를 유발하는 디자인으로 완성되었다.

CHAPTER 2

SNS | 12

대각선

THEMA
토크 라이브 썸네일

대각선을 따라 피사체나 로고를 배치하면 작은 사이즈에서도 넓게 느껴지는 썸네일을 만들 수 있다.

STEP 1 블록 나누기

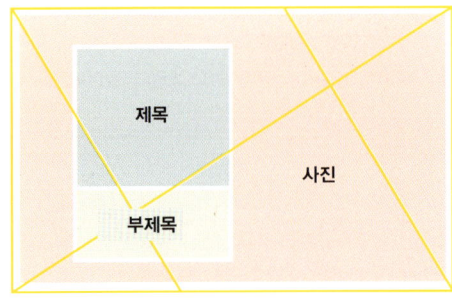

대각선이 교차하는 부분에 가장 눈에 띄게 하고 싶은 제목을 배치한다.

정보
- 인물 사진
- 제목
- 부제목

STEP 2 레이아웃

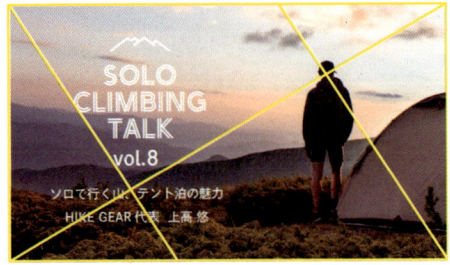

사진 속 인물이 대각선이 교차하는 부분에 오도록 의식적으로 배치한다. 균형을 맞추자.

소재
- 인물 사진
- 로고
- 텍스트

STEP 3 디자인 ☑ 폰트 ☑ 배색 ☑ 장식

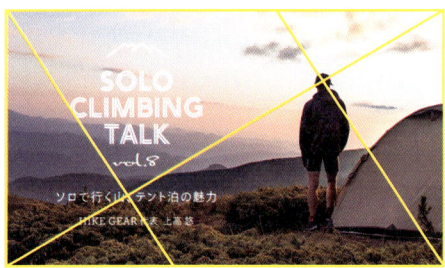

사진이 잘 보이게 디자인에 신경을 쓰면서 로고를 크게 부각시킨다.

Point!
로고를 메인에 배치하면 시리즈 영상임을 인상 깊게 전달할 수 있다.

• FONT
vol.8 　Nothing / Regular
기　타　凸版文久ゴシック Pr6N / DB

• COLOR
RGB　255/255/255

완성! ‖ 글자 주변에 여백을 충분히 확보한다,
　　　　돋보이게 하고 싶은 요소를 명확하게 표현한 썸네일 완성!

CHAPTER 2

SNS | **13**

삼각형

THEMA
온라인 요가 썸네일

삼각형 구도를 사용하여 피사체인 여성의 포즈를 살린 썸네일 디자인을 만든다. 가이드가 있으면 요소를 배치해야 할 위치가 자연스럽게 보인다.

STEP 1 블록 나누기

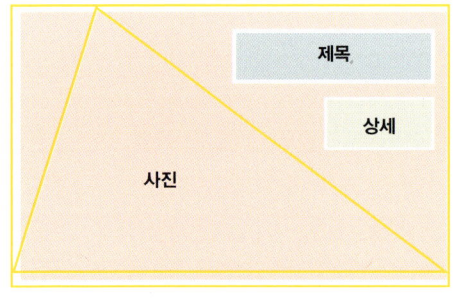

두 개의 큰 삼각형 영역에 사진과 텍스트를 블록으로 나누어 배치한다.

정보
- 인물 사진
- 제목
- 상세 정보

STEP 2 레이아웃

여성의 포즈를 살릴 수 있게 글자나 장식물을 배치한다.

소재
- 인물 사진
- 텍스트
- 장식 소재

| STEP 3 | 디자인 | ☑ 폰트 ☑ 배색 ☑ 장식 |

요가복의 색상에 맞춰 산뜻한 블루 계열의 컬러링이 돋보인다.

Point!
'ヒップ' 'バスト' '二の腕' 은 각각 흰 원에 넣고 삼각형 모양으로 배치했다.

● FONT

제 목 : Poiret One / Regular
       DNP 秀英丸ゴシック Std / B
부제목 : Shelby / Regular

● COLOR

RGB 125/197/232
RGB 209/227/180

GOAL! 완성! | 전하고 싶은 정보가 한눈에 들어오는 자연스럽고 심플한 배너 완성!

083

CHAPTER 2

SNS | 14

삼분할

THEMA
5주년 기념 경품 공지

삼분할 구도를 L자형으로 블록화한 디자인. 복잡해 보이는 레이아웃도 삼분할 가이드를 따라 디자인하면 그리 어렵지 않다.

STEP 1 　블록 나누기

L자형에 상호명, 상세 정보 등의 글자를 배치하고, 빈 공간에 사진을 크게 배치했다.

정보
- 이미지 사진
- 상호명 / 상세 정보

STEP 2 　레이아웃

L자형 영역에 글자를 배치한다. 세 부분으로 나뉜 가이드를 따라가면 균형 있게 정리할 수 있다.

소재
- 이미지 사진
- 텍스트
- 배경 소재

STEP 3 디자인

☑ 폰트 ☑ 배색 ☑ 장식

문자 요소가 많을 때는 여백과 강약을 의식해 디자인하면 깔끔하게 정리할 수 있다.

Point!
5주년과 Present 글자 부분에만 색을 넣으면 눈에 띄는 효과를 줄 수 있다.

• FONT
제 목	Alternate Gothic No3 D / Regular
날 짜	凸版文久ゴシック Pr6N / DB
악센트	Mojito / Stamp

• COLOR

RGB 213/179/69
RGB 211/161/0
RGB 0/0/0

 완성!

세 개나 아홉 개로 나누기 쉬운 삼분할이지만, L자 형태로 나눠도 정돈된 디자인이 완성된다.

CHAPTER 2

SNS | **15**

대칭

THEMA
배송 알림 썸네일

선 중심의 일러스트를 대담하게 배치한 썸네일. 좌우 대칭으로 구성해 통일감이 있고, 글자도 잘 보이는 디자인이다.

STEP 1 | 블록 나누기

대칭에 맞춰 일러스트를 좌우에 배치하고, 제목 글자를 중앙에 배치했다.

- 정보
  - 일러스트
  - 제목

STEP 2 | 레이아웃

같은 일러스트를 뒤집어 양쪽에 배치했다.

- 소재
  - 일러스트
  - 텍스트

STEP **3**   디자인   ☑ 폰트 ☑ 배색 ☑ 장식

일러스트에 배경을 넣거나 화장품 일러스트를 추가해 화려하게 꾸민다.

Point!

스모키한 가을 색으로 컬러링하면 계절감을 느낄 수 있는 디자인이 된다.

● FONT

제 목	Lust / Regular
부제목	砧 丸明 Yoshino StdN / R
악센트	Montserrat / SemiBold

● COLOR

RGB 254/247/242
RGB 251/218/200
RGB 220/179/166
RGB 248/198/193

 완성!   계절감을 살린 배색과 대칭적인 레이아웃으로 성숙하고 차분한 느낌을 준다.

087

CHAPTER 2

SNS | 16

삼각형

THEMA
피트니스 캠페인

상단에 무게 중심을 둔 삼각형 레이아웃은 임팩트가 있다. 세일이나 캠페인 광고의 활기찬 디자인과 잘 어울리는 구도다.

STEP 1 블록 나누기

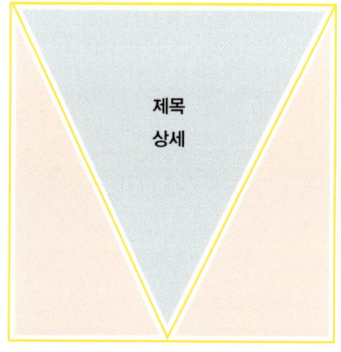

가운데 삼각형에 모든 문자를 배치한다. 제목은 상단에 크게.

- 제목
- 상세 정보

STEP 2 레이아웃

삼각형 상단의 제목은 크게, 하단으로 갈수록 타이트하게, 그리고 말풍선을 넣어 레이아웃을 구성한다.

- 텍스트

STEP 3 디자인

☑ 폰트　☑ 배색　☑ 장식

아래에서 튀어나온 것 같은 기세와 임팩트를 의식하여 글자를 디자인한다.

Point!

글자를 돋보이게 하기 위해 배경색은 보색 계열로 선택했다.

● FONT

| 500 | All Round Gothic / Demi |
| 제 목 | ニタラゴルイカ / 06 |

● COLOR

- RGB　218/226/74
- RGB　231/52/110
- RGB　250/214/194

GOAL! 완성!

역삼각형의 구도를 통해 눈에 확 들어오는 강렬한 디자인을 완성했다.

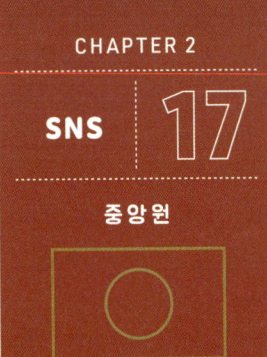

CHAPTER 2

SNS 17

중앙원

THEMA
꽃가게 광고

가운데의 메인 구역에 꽃의 사진을 큼지막하게 배치한 디자인! 문자 정보는 다소 절제된 느낌으로 꽃의 인상을 강조하고 있다.

STEP 1 블록 나누기

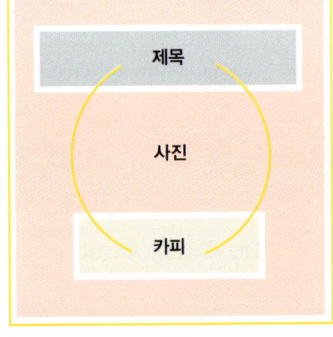

중앙의 원에 꽃 사진을 크게 배치하고, 문자 정보는 사진 위 아래로 차단했다.

 정보
- 이미지 사진
- 제목
- 카피

STEP 2 레이아웃

중앙의 동그라미에 꽃이 크게 오도록 사진을 자른다. 꽃이 돋보이게 글자를 배치한다.

 소재
- 이미지 사진
- 텍스트

STEP 3 디자인　　　☑폰트　☑배색　☑장식

꽃 사진이 돋보이게 글자를 디자인한다. 주변 여백에도 신경을 쓴다.

Point!
'Thank you!'는 얇은 필기체로 써서 세련된 느낌을 더했다.

• FONT
제 목	Beloved Script / Bold
부제목	DIN Condensed / Light
카 피	源ノ明朝 / SemiBold

• COLOR
- ■ RGB 222/114/15
- ■ RGB 95/110/88

GOAL! 　완성!　｜　꽃 사진을 전면에 내세우면서도 촌스럽지 않고 세련된 느낌의 디자인 완성!

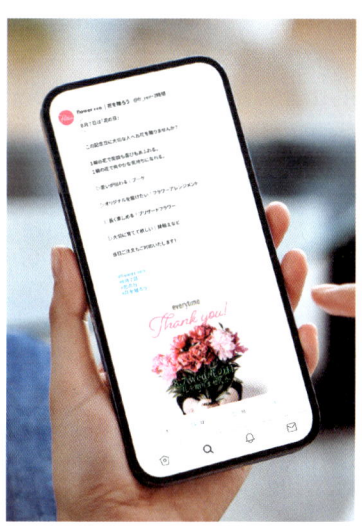

COLUMN No.02

브랜딩에도 효과적!
프로필 페이지 만드는 방법

다양한 연령층이 일상적으로 사용하는 SNS는 이제 비즈니스에서도 필수적인 도구로 자리 잡았다. 이러한 SNS의 프로필 페이지에 세계관을 표현하면 팬층 확보와 브랜드 이미지 향상에 도움이 된다. 효과적인 프로필 페이지 아이디어를 소개한다.

TYPE 1 레이아웃을 통일하고 색상만 바꾼다

촬영한 사진의 색감을 맞추기란 쉽지 않다.
이럴 때는 레이아웃을 맞춰서 통일감을 주자!

배경과 사진의 컬러 톤을 맞춰보자!

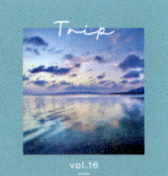

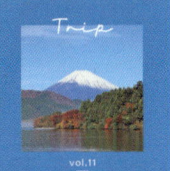

제목 글꼴을 통일하면 통일감이 생긴다!

POINT 1
상단에 제목, 하단에 번호를 배치해 잡지 표지처럼 레이아웃을 구성했다.

POINT 2
제목에 손글씨 느낌의 폰트를 사용해 자연스럽고 가벼운 느낌을 연출했다.

POINT 3
사진에 어울리는 색을 배경으로 깔면 한 폭의 그림과 같은 완성도도 확보할 수 있다.

POINT 4
요소를 중앙에 배치하여 깔끔하게 정리된 프로필 페이지가 완성된다.

TYPE 2 — 그리드 포스팅과 심플한 원컬러

한 장의 사진을 여러 장의 사진으로 나누어 게시하는 '그리드 포스팅'. 압도적인 임팩트가 있고, 사용자들의 기억에 남을 수 있는 방식이다.

POINT 3
어수선하지 않고, 무작위로 배치한 사진이 눈에 잘 띄도록 색상을 통일해 심플하게 정리하는 것을 추천한다!

POINT 2
텍스트와 장식도 여러 개의 게시물로 분할! 보다 디자인적으로 일체감이 느껴진다.

TYPE 3 — 색을 통일하고 레이아웃만 바꾸기

배경의 색감을 통일하면 레이아웃이 제각각이라도 통일감 있는 프로필 페이지를 만들 수 있다. 색상은 2~3가지 컬러를 추천한다.

POINT 1
다양한 형태로 사진을 자른다. 다양한 변형으로 즐거운 느낌을 연출할 수 있다.

POINT 2
사진만 올리는 간단한 포스팅을 조합하여 전체가 어수선하지 않도록 한다.

POINT 3
2가지 색상을 번갈아 가며 포스팅하면 스크롤할 때에도 통일감 있는 느낌을 준다.

〈 구도에 따라 달라지는 인상과 활용 사례 〉
6 가지 구도로 비교해보자!

이 장에 나온 예제를 다른 구도로 만들어 보았다. 구도에 따라 인상과 효과가 어떻게 달라지는지 디자인을 비교해보자!

01 | 황금비

황금비를 따라 왼쪽에 로고, 정보를 정리. 오른쪽에 사진을 크게 처리하여 인상을 강화한다.

02 | 삼분할

가로로 삼분할하여 위아래에 사진, 중앙에 로고 마크를 배치하여 로고 마크가 잘 보이도록 구성했다.

03 | 대각선

 원래 구도 (P.080)

대각선을 따라 로고를 배치하고 사진을 자른다. 사진의 넓이를 효과적으로 표현한다.

04 | 중앙원

중앙원 구도에 맞춰 로고 마크를 중앙에 배치. 분위기는 유지하면서 로고가 돋보일 수 있는 디자인.

05 | 대칭

피사체를 중앙에 두고 좌우에 텍스트를 배치한 대칭형. 로고를 하단 중앙에 배치해 안정감을 준다.

06 | 삼각형

삼각형 안에 과감하게 배치된 캐치프레이즈. 야생적인 장난기도 느껴지는 디자인.

CHAPTER 03

명함

비즈니스 도구로 빠질 수 없는 명함.
처음 만나는 사람과의 만남에서는 첫인상이 중요하며,
명함도 그 인상의 일부를 담당한다고 할 수 있다.
이 장에서는 보기 쉽고, 상대에게 좋은 인상을 줄 수 있는
명함 디자인 제작 방법을 소개한다.

CHAPTER 3

명함

01

황금비

THEMA

주택 제조업체 명함

기본 정보 외에 회사 이념 등을 담은 정보량이 많은 명함도 황금비를 이용한 블록 구분으로 깔끔하게 정리된 디자인으로!

STEP 1 블록 나누기

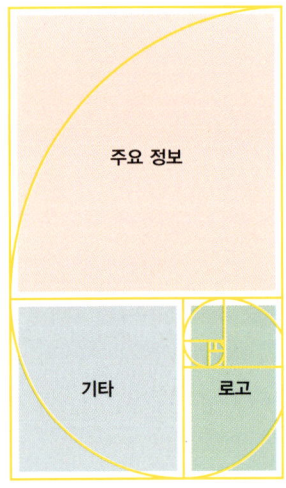

주요 정보

기타

로고

기본 명함 크기에 황금비율을 세로로 배치하여 이름, 연락처 등 주요 정보, 기타 정보, 로고를 넣을 수 있는 공간을 만든다.

정보
- 주요 정보
- 기타 정보
- 로고

STEP 2 레이아웃

株式会社 QIMAT
デザイン部 課長
小野田 征
MASASHI ONODA
〒330-001X
東京都都島区笹原中町 2-5-1
前島ビルヂング 3F
TEL 03-4033-55XX
MAIL onod@qimat.co.jp

くらしの中に、
デザインを。
http://qim●t.com

QIMAT

만든 공간 안에 각각의 정보를 넣는다.

소재
- 텍스트
- 로고

STEP 3 디자인

☑ 폰트 ☑ 배색 ☑ 장식

글자의 크기와 가중치를 균형 있게 조정하고 여백으로 정보를 그룹화한다.

Point!
텍스트만 있는 심플한 명함은 기업의 브랜드 컬러를 대담하게 사용하면 포인트가 될 수 있다.

● **FONT**

정보 　　DNP 秀英角ゴシック Std/B

● **COLOR**

　　CMYK　70/60/60/10
　　CMYK　0/32/73/0

완성!

정보량이 많은 명함도, 심플하고 깔끔하게 정리된 디자인!

CHAPTER 3

명함 | 02

황금비

THEMA
아트 갤러리 명함

정보를 보기 좋게 정리하면서 여백을 넉넉하게 확보하고 싶은 명함. 황금비를 2개 사용해서 정리하면 여백의 균형을 잘 맞출 수 있다.

STEP 1 블록 나누기

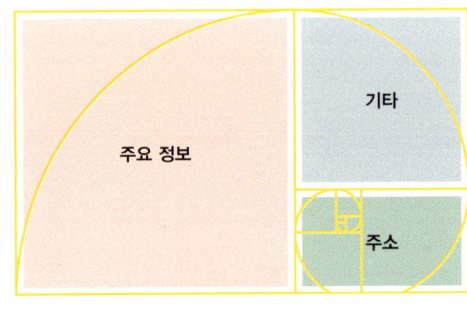

황금비율에 따라 3개의 공간으로 나누어 왼쪽의 큰 공간에는 이름 등 주요 정보, 오른쪽에는 주소 등 세세한 정보를 넣는다.

정보
- 주요 정보
- 기타 정보
- 주소

STEP 2 레이아웃

ΞN
ART GALLERY
THREE.NE

村瀬 いろは
IROHA MURASE

www.threen●_
art.com

〒2●●-●04X
京都府●城市常盤15-20
05-5738-64XX
info@threen●.com

만든 공간 안에 각각의 정보를 넣는다.

소재
- 텍스트

STEP **3**　디자인　　　☑ 폰트　☑ 배색　☑ 장식

왼쪽 공간 안에 또 다른 황금비율을 사용하여 여백을 조정한다.

Point!
로고를 배경에 배치하거나 곡선이 들어간 문장을 장식으로 추가하면 포인트가 된다.

• FONT

정　보　│　Zen Kaku Gothic New / Medium

• COLOR

CMYK　10/10/0/0
CMYK　0/0/25/0
CMYK　20/45/0/0

GOAL!　완성!　┃　단순함 속에,
균형 있게 재치를 더한 명함 완성!

CHAPTER 3

명함 03

삼분할

THEMA
사진작가 명함

상세 정보나 일러스트를 많이 넣고 싶을 때! 이럴 때는 삼분할 구도로 공간을 나누면 보기 편하고 안정감 있게 완성할 수 있다.

STEP 1 블록 나누기

일러스트 소재를 가운데에 넣고, 주변 블록에 텍스트 정보를 넣는다. 이름 등 주요 정보는 위에, 그 외의 정보는 아래에 넣으면 가시성과 가독성을 높일 수 있다.

정보
- 주요 정보
- 기타 정보
- 일러스트

STEP 2 레이아웃

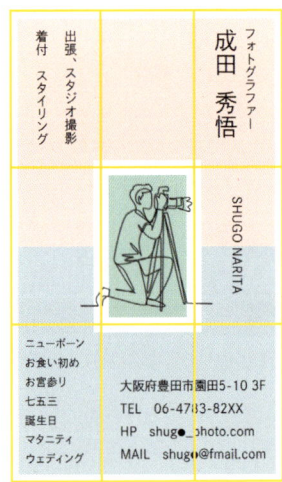

세로쓰기와 가로쓰기가 섞여도, 두 개의 블록을 넘나들어도 괜찮다. 글자가 많은 내용은 하단에 모아두면 시각적인 무게 중심이 아래로 내려가 더 안정감 있는 레이아웃이 된다.

소재
- 텍스트
- 일러스트

STEP 3 디자인

☑ 폰트 ☑ 배색 ☑ 장식

전체적인 밸런스를 보면서 폰트 크기와 자간을 깔끔하게 조정한다.

Point!
모든 공간을 채우지 않고 빈 블록으로 두면 적절하게 여유로운 느낌을 연출할 수 있다.

• **FONT**

정 보   貂明朝 / Regular

• **COLOR**

CMYK 0/0/0/100

GOAL! 완성!

정보는 많지만, 그리드를 따라 배치되어 있어 안정감이 있고, 뭔가 편안한 여백이 느껴지는 디자인!

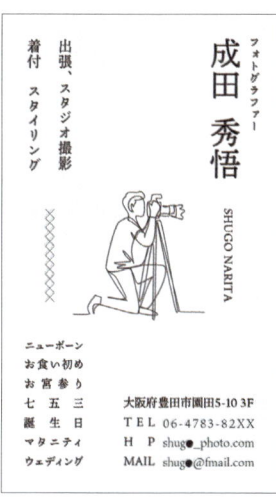

CHAPTER 3

명함

04

삼분할

THEMA
의류 기업 명함

로고를 크게 사용하는 임팩트 있는 디자인도 공간을 잘 분할해 넣으면 깔끔하게 정돈된 디자인이 된다.

STEP 1 블록 나누기

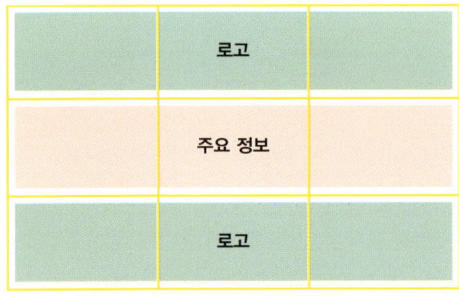

로고를 크게 사용해 임팩트 있는 디자인을 만들고자 한다면 우선 가로줄로 블록을 나누어 위아래에 로고를, 가운데에 텍스트 정보를 모아 놓는다.

정보
- 주요 정보
- 로고

STEP 2 레이아웃

공간 내에 대략적인 텍스트 정보와 로고를 임시로 배치한다.

소재
- 텍스트
- 로고

STEP 3 디자인

☑ 폰트 ☑ 배색 ☑ 장식

로고가 위아래로 살짝 벗어나게 배치한 자유로운 느낌의 디자인. 텍스트 정보의 상하 공간에도 여유를 둘 수 있다.

Point!

디자인에서 요소를 살짝 벗어나게 배치할 때는 글자를 읽을 수 있을 정도로 조절하는 것이 중요.

• **FONT**

정　보   Zen Kaku Gothic New / Medium Bold

• **COLOR**

CMYK　48/55/70/0
CMYK　0/0/88/19

GOAL! 완성!

임팩트 있는 디자인이지만, 깔끔하게 블록으로 나눠 정보의 가독성을 확보한 디자인!

THEMA
화장품 가게 명함

요소와 컬러를 대칭으로 배치하면 정보량이 적은 명함도 여백이 허전해 보이지 않고 세련된 디자인을 완성할 수 있다.

STEP 1 | 블록 나누기

기타
이름 — 로고
기타

중앙을 기점으로 상하 대칭이 되도록 이름, 기타 정보, 로고의 공간을 만든다.

정보
- 이름
- 기타 정보
- 로고

STEP 2 | 레이아웃

Jimmy cosme
BEAUTY ADVISOR

KAORI
ONAGA

www.jommy.com
03-2234-56XX

이름을 중앙에 배치해 대칭감을 강조하고 안정감 있는 디자인을 완성했다.

소재
- 텍스트
- 로고

STEP 3 디자인

☑ 폰트　☑ 배색　☑ 장식

중앙을 경계로 컬러를 투톤으로 나눠 대칭 구조를 강조하면 세련된 느낌을 준다.

Point! 굵기에 약간 강약이 있는 영문 서체를 사용하면 페미닌한 이미지가 연출된다.

● FONT

이 름	Acme Gothic / Regular
기타 정보	Acme Gothic / Regular

● COLOR

CMYK 0/26/17/0
CMYK 21/46/37/0

GOAL! 완성!

내용이 적어도 허전하지 않은 대칭 구도가 잘 살아 있는 명함 완성!

CHAPTER 3

명함 | 06

대칭

THEMA
파티시에 명함

대칭 구도로 신뢰감을, 배색과 장식으로 아기자기한 귀여움을 연출한 명함이다. 크림과 스펀지를 연상시키는 달콤한 색감이 포인트이다.

STEP 1 블록 나누기

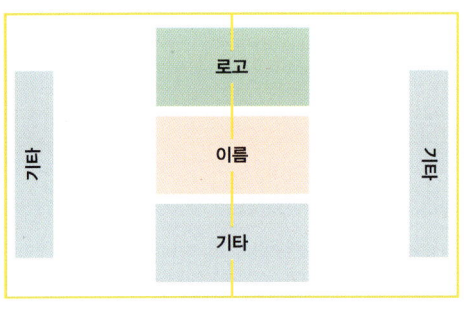

이름이나 로고와 같은 주요 정보를 중앙에 배치하고, 나머지 정보는 좌우로 나누어 균형 있게 정리했다.

정보
- 이름
- 로고
- 기타 정보

STEP 2 레이아웃

디저트 가게의 간판을 연상시키는 프레임으로 정보를 감싸면 브랜드의 이미지를 더욱 확고하게 전달할 수 있다.

소재
- 텍스트
- 로고
- 프레임

STEP 3 디자인

☑ 폰트 ☑ 배색 ☑ 장식

크림이나 스펀지를 연상시키는 색상을 사용하고, 글자도 둥근 고딕체로 설정하면 달콤하고 부드러운 인상을 완성할 수 있다.

Point!
대비가 낮은 색상 조합이기 때문에 여백을 넉넉하게 두어 글자의 가독성을 높인다.

FONT

| 이 름 | FOT- 筑紫 B 丸ゴシック Std / B |
| 주 소 | Sofia Pro Soft / Medium |

COLOR

- CMYK 24/40/50/0
- CMYK 0/0/0/0

GOAL! 완성!

달콤하고 귀여운 느낌 속에서도 신뢰감이 느껴지는 파티시에에게 딱 맞는 명함이 완성되었다!

CHAPTER 3

명함

07 대각선

THEMA
건축사무소 명함

딱딱해지기 쉬운 비즈니스 명함에 약간의 동적인 요소를 넣으면 한 단계 업그레이드된 명함을 만들 수 있다.

STEP 1 블록 나누기

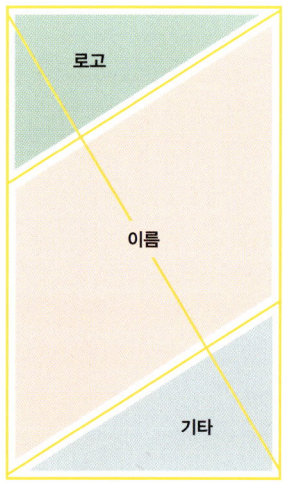

대각선을 따라 두 개의 공간으로 나눈다.

정보
- 이름
- 기타 정보
- 로고

STEP 2 레이아웃

만든 공간 안에 어느 정도 잘 어우러지도록 로고와 텍스트를 넣는다.

소재
- 텍스트
- 로고

STEP 3 **디자인**   ☑ 폰트 ☑ 배색 ☑ 장식

우측 하단의 상세 정보 앞부분을 비스듬히 배치하여 역동적인 분위기를 연출했다.

Point!
비스듬히 배치하더라도 가이드선에 맞춰 배치하면 지저분하지 않고 깔끔하게 보인다.

• **FONT**

이 름	平成角ゴシック Std / W5
기 타	源ノ角ゴシック / Medium

• **COLOR**

CMYK 4/0/2/15
CMYK 0/0/0/100

GOAL! 완성! 깔끔하고 신뢰감 있는 인상 속에 조금은 역동적인 위트를 더한 명함 완성!

CHAPTER 3

명함 | 08
대각선

THEMA
미용실 명함

대각선의 비스듬한 라인을 사용해 역동적인 움직임을 더한 명함은 강렬한 인상을 준다. 개성 있는 독특한 명함을 만들고 싶을 때 추천!

STEP 1 　 **블록 나누기**

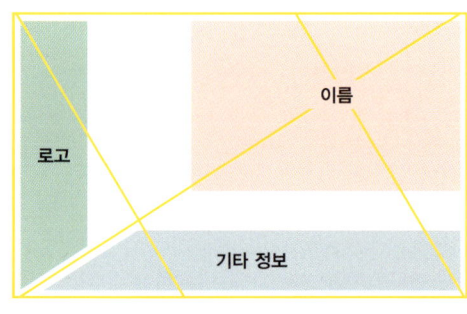

대각선이 교차하는 오른쪽 상단에 이번 디자인의 포인트가 될 이름 공간을 배치하고, 기타 정보는 대각선을 따라 가장자리로 모아서 배치한다.

정보
- 이름
- 로고
- 기타 정보

STEP 2 　 **레이아웃**

텍스트나 로고가 어느 정도 공간에 들어갈 수 있도록 배치하고, 이름은 대각선과 같은 각도로 기울여 움직임을 표현한다.

소재
- 텍스트
- 로고

STEP 3 디자인

☑ 폰트　☑ 배색　☑ 장식

역동적인 레이아웃에 맞춰, 가슴 뛰는 개성적인 색채와 폰트를 사용했다.

Point!
손글씨 필기체는 역동적인 디자인에 가볍고 자연스러운 흐름을 더해준다.

• FONT

이　　름	Rollerscript / Smooth
기타 정보	FOT- セザンヌ ProN / M

• COLOR

- CMYK　0/24/25/0
- CMYK　75/0/75/0

GOAL! 완성!

대각선의 각도에 맞춰 이름을 기울이는 것만으로도 이렇게 동적인 명함이 완성되었다!

CHAPTER 3

명함 09
삼각형

THEMA
일러스트레이터 명함

주인공인 일러스트 소재를 많이 활용하면서도 이름이나 다른 정보들을 깔끔하고 보기 좋게 보여주고 싶을 때! 이럴 때는 삼각형으로 정리해 보자.

STEP 1 블록 나누기

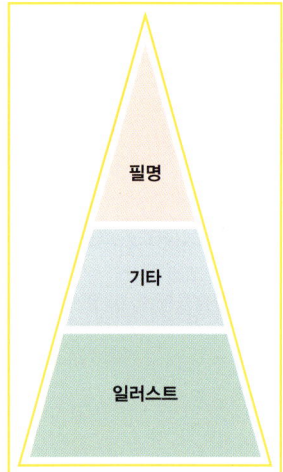

삼각형 구도를 세 부분으로 나누어 가장 눈에 띄게 하고 싶은 필명이나 애칭을 상단에, 넓은 공간을 확보할 수 있는 하단에 일러스트를, 기타 정보는 가운데에 넣는다.

정보
- 필명
- 기타 정보
- 일러스트

STEP 2 레이아웃

필명은 세로로 써서 레이아웃의 균형과 시선 유도를 모두 고려한다.

소재
- 텍스트
- 일러스트

| STEP **3** | 디자인 | ✓ 폰트 ✓ 배색 ✓ 장식 |

일러스트의 분위기에 맞춰 필명 폰트는 귀엽게, 나머지는 베이직하게 정리해 보자.

Point!
필명은 읽을 수 있을 정도로 개성 있는 폰트를 사용하면 작품의 세계관이 더욱 두드러진다.

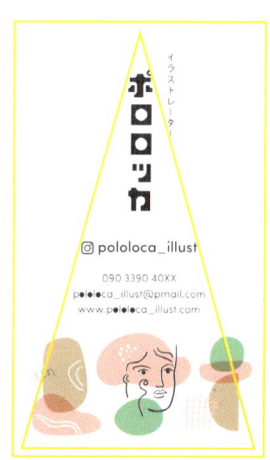

• **FONT**

이 름	AB-kikori / 일반
직 함	DNP 秀英丸ゴシック Std / L
기 타	Sofia Pro Soft / Medium Light

• **COLOR**

	CMYK 0/0/0/80
	CMYK 44/0/45/0
	CMYK 18/24/37/0
	CMYK 0/26/21/0

완성！ 일러스트의 세계관이 직접적으로 전달되는 세련된 명함이 되었다.

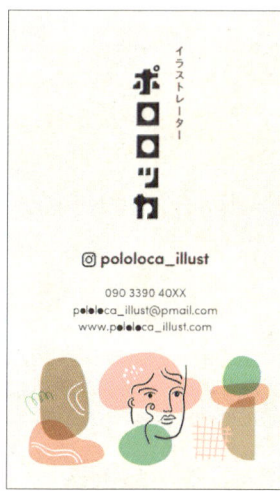

CHAPTER 3

명함

10 삼각형

THEMA
디자인 사무소 명함

심플한 이미지는 그대로 유지하면서 로고 장식으로 역동성을 조금 더한 디자인. 이등변삼각형의 꼭짓점을 사용하면 균형감 있게 배치할 수 있다.

STEP 1 블록 나누기

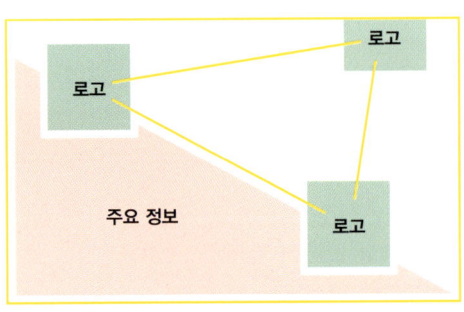

왼쪽 하단에 주요 정보를 배치하고, 그 위에 기울어진 삼각형을 배치한다. 삼각형의 세 꼭짓점에 분해한 회사 로고를 배치할 공간을 마련한다.

- 주요 정보
- 로고

STEP 2 레이아웃

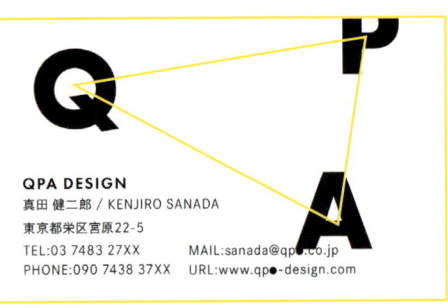

삼각형의 꼭짓점에 문자의 중심이 오도록 배치한다.

- 텍스트
- 로고

STEP 3 디자인

☑ 폰트 ☑ 배색 ☑ 장식

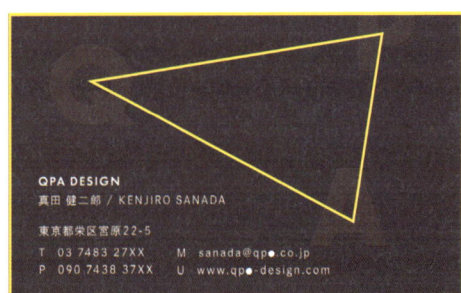

주요 정보를 쉽게 읽을 수 있도록 로고의 색감은 배경과 잘 어울리도록 조정한다.

Point!
삼각형의 각도에 따라 인상이 달라지므로 다양한 각도를 시도해보자.

• **FONT**

| 정보 | DNP 秀英角 ゴシック銀 Std / M |

• **COLOR**

	CMYK 75/75/75/0
	CMYK 62/62/62/10
	CMYK 0/0/0/0

GOAL! 완성!

산뜻한 로고가 포인트가 되는 심플하고 세련된 명함 완성!

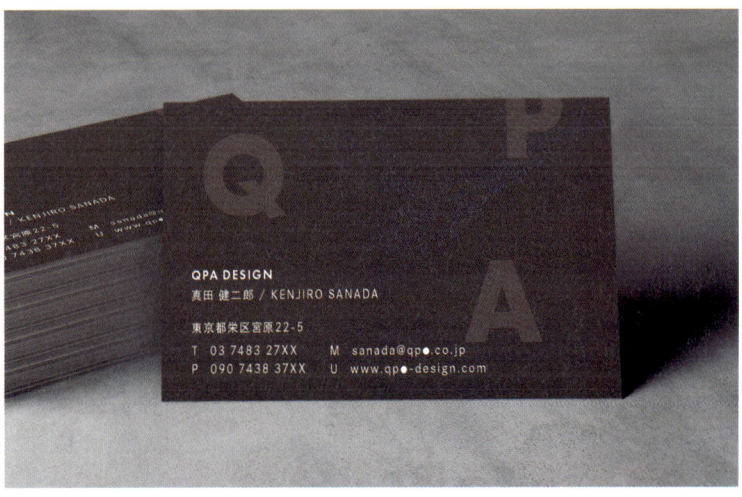

CHAPTER 3

명함

11 중앙원

THEMA
생선가게 주인의 명함

중앙원 구도를 사용해 가운데 눈에 띄는 일러스트에 시선을 집중시키면 한눈에 업종이 전달되는 명확한 디자인이 완성된다!

STEP 1 블록 나누기

중앙원 부분에는 일러스트를, 그 외의 정보는 중앙을 중심으로 세로로 배치한다.

정보
- 주요 정보
- 기타 정보
- 일러스트
- 로고

STEP 2 레이아웃

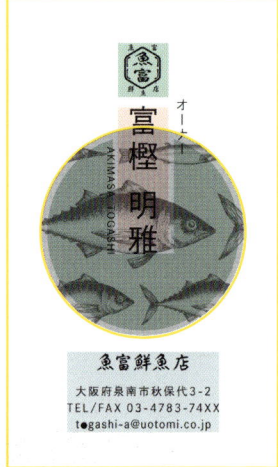

시선이 집중되는 중앙의 일러스트에서 조금 벗어나도록 이름을 배치하면 이름에도 시선이 집중된다.

소재
- 텍스트
- 일러스트
- 로고

STEP 3 디자인

☑ 폰트　☑ 배색　☑ 장식

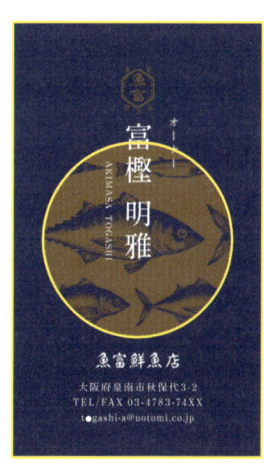

이름이 잘 보이고, 배경에 묻히지 않도록 하는 것을 기준으로 일러스트의 색상을 정한다.

Point! 짙은 남색 + 골드 + 명조체는 고급스러운 스타일의 조합이다.

● FONT

정　보　　DNP 秀英四号かな Std / M

● COLOR

　　CMYK　95/75/45/10
　　CMYK　41/49/80/18
　　CMYK　0/0/0/0

완성!　일러스트에 시선이 집중되면서
　　　　정보도 잘 전달되는 명함 완성!

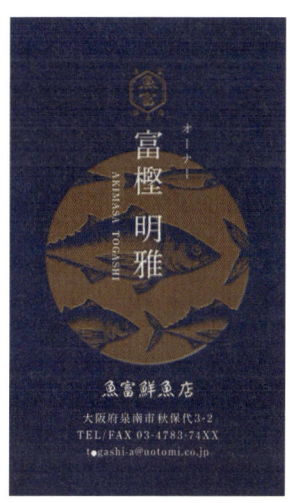

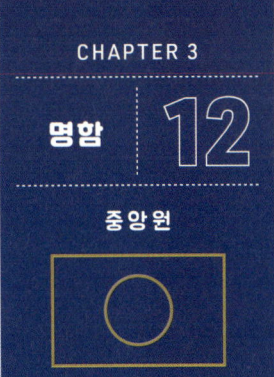

CHAPTER 3
명함
중앙원

THEMA
카페 바 명함

중앙에 큰 초상화를 사용한 캐주얼한 명함. 중앙원 구도는 정사각형 명함에 딱 맞는 구도이다.

STEP 1 블록 나누기

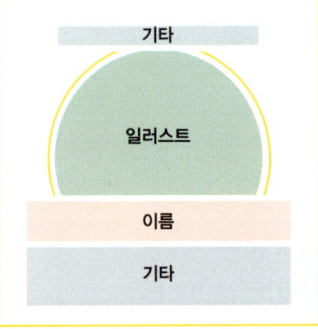

가운데에 일러스트 공간을 넓게 잡고 그 위아래에 텍스트 공간을 만든다.

정보
- 일러스트
- 이름
- 기타 정보

STEP 2 레이아웃

일러스트를 빽빽하게 배치하지 않고, 주변 여백을 의식해 배치하면 시선을 사로잡을 수 있다.

소재
- 일러스트
- 텍스트

| STEP 3 | 디자인 | ✓ 폰트 ✓ 배색 ✓ 장식 |

중앙원에 맞춰 텍스트를 아치형으로 배치. 곡선 요소를 넣어 친근감을 높인다.

Point!
얇은 고딕체는 쿨하고 캐주얼한 느낌에 완벽하게 어울린다.

● FONT

이 름	DIN 2014 Narrow / Bold
상호명	DIN 2014 Narrow / Demi
기 타	DNP 秀英角ゴシック Std / B

● COLOR

■	CMYK	48/37/37/38
■	CMYK	20/15/15/16
□	CMYK	0/0/0/0

GOAL! 완성!

일러스트레이션, 정보, 여백의 균형이 잘 잡힌 안정감 있는 디자인으로 완성되었다.

COLUMN No.03

목적에 따라 구도를 구분하자!
움직임이 있는 디자인을 만드는 방법

힘이나 역동감을 표현하고 싶을 때는 삼각형이나 대각선 같은 비스듬한 라인이 있는 구도를 추천한다. 텍스트 중심, 사진 중심, 어느 쪽에도 응용할 수 있다. 또한, 구도의 방향이나 사용 방법을 변경하는 등의 조정을 통해 다양한 표현이 가능하다.

TYPE 1  '삼각형'을 이용한 레이아웃
역삼각형으로 튀어나오는 역동성!

디자인 포인트

POINT 1 중요한 정보는 크게, 나머지는 작게. 점프율을 높여서 임팩트를!

POINT 2 구도에 맞춰 요소를 튀어나오게 처리하면 더욱 역동감 있는 디자인이 완성된다.

POINT 3 톡톡 튀고 즐거운 색상으로 디자인의 분위기를 더욱 돋보이게 만들어 보자.

FONT
제 목 : AB-kokoro_no3 / Regular
기 타 : M+ 1p / Bold

COLOR
CMYK 60/0/20/0
CMYK 0/0/65/0
CMYK 0/57/29/0

LAYOUT SAMPLE

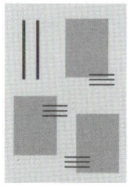   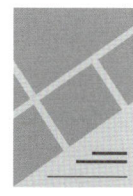 

• 디자인에 대담함과 생동감을 불어넣는 요령 •

✓ 점프율을 높여서 강약을 확실히 주고!
✓ 눈에 띄게 하고 싶은 부분을 효과적으로 기울여 보고!
✓ 명도차, 채도차가 뚜렷한 배색으로!

TYPE 2   '대각선'을 사용한 레이아웃
제목을 비스듬히 배치하면 속도감이 살아난다!

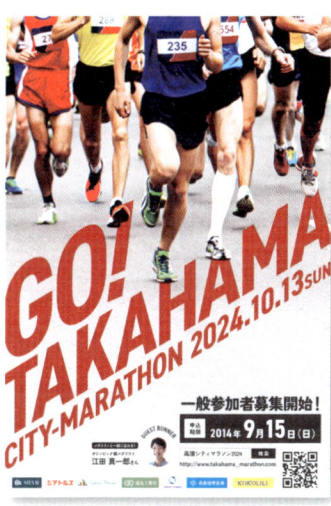

디자인 포인트

POINT 1 제목을 대각선에 맞춰 오른쪽 위로 기울여 속도감을 더하는 느낌으로!

POINT 2 앞쪽 인물의 발을 제목 위에 겹치게 배치하여 깊이감을 연출.

POINT 3 다른 요소는 최대한 간결하게 정리하고 제목이 눈에 띄도록!

FONT
| 제 목 | DIN 2014 Narrow / Bold |
| 기 타 | Zen Kaku Gothic New / Bold·Black |

COLOR
 CMYK 0/100/100/15
　　　　　　　　CMYK 0/0/0/90

LAYOUT SAMPLE

 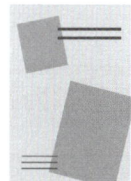 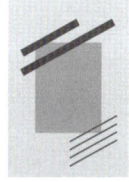 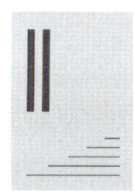 

구도에 따라 달라지는 인상과 활용 사례
6 가지 구도로 비교해보자!

이 장에 나온 예제를 다른 구도로 만들어 보았다. 구도에 따라 인상과 효과가 어떻게 달라지는지 디자인을 비교해보자!

 **01 : 황금비**

황금비를 사용하여 균형과 적당한 여백을 유지한다. 약간의 재치까지 더한 디자인.

 **02 : 삼분할**

가로 삼분할 라인을 따라 로고, 회사명, 주요 정보를 배치. 심플하고 안정감 있는 레이아웃.

03 : 대각선 (원래 구도 P.080)

대각선으로 위아래를 구분하고 위에는 정보, 아래에는 로고를 넣었다. 대각선 로고가 활기찬 느낌을 준다.

 **04 : 중앙원**

정보를 중앙에 모아 일부를 원으로. 로고도 그래픽적으로 배치해 예술적으로 표현했다.

05 : 대칭

로고와 정보로 공간을 반반씩 나눔. 역동적인 로고 옆에 정돈된 정보를 배치하여 균형을 맞춘다.

06 : 삼각형

무게중심이 아래쪽에 있는 삼각형으로 안정감 제공. 로고를 패턴처럼 배치해 재미를 더했다.

CHAPTER 04
카드

포인트 카드, 티켓과 같이
고객의 손에 오래 남는 도구는
가독성과 이미지는 물론이고 사용성도 중요하다.
우선순위를 생각하며 정보를 분류해
매력적이고 사용하기 쉬운 카드를 만들어 보자.

CHAPTER 4

카드 | 01

삼각형

THEMA
양과자 가게의 상점 카드

삼각형을 따라 끝부분에 로고를 크게 배치한 디자인. 중앙에 삼각형을 배치해 하단에 무게 중심을 두어 안정감이 느껴지는 레이아웃을 완성했다.

STEP 1 | 블록 나누기

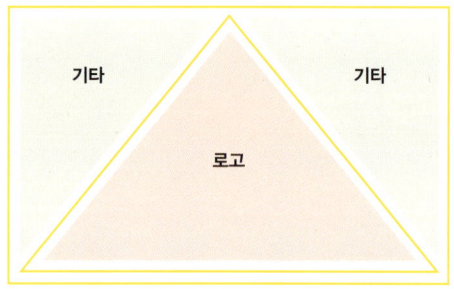

삼각형을 중앙에 배치하고 측면에도 삼각형을 배치한다. 가장 중요한 상점의 로고를 중앙에 넣는다.

정보
- 로고
- 기타 정보

STEP 2 | 레이아웃

삼각형 구도를 따라 점점 넓어지는 형태로 로고를 배치한다. 사용하고자 하는 로고의 형태를 보고 구도를 결정하는 것도 깔끔하게 정리하는 포인트다.

소재
- 로고
- 텍스트

STEP 3 디자인

☑ 폰트 ☑ 배색 ☑ 장식

삼각형은 밤을 연상시키는 둥근 모서리로. 폰트도 둥글둥글한 폰트를 선택했다.

Point!

밤처럼 둥근 모서리 삼각형을 흩뿌려 배치하면 디자인에 통일감을 더할 수 있다!

• FONT

날 짜 | New Atten Round / ExtraBold

• COLOR

CMYK 28/36/40/0
CMYK 45/58/66/1
CMYK 31/43/61/0

완성! | 삼각형을 밤으로 형상화한 귀여운 디자인이 완성되었다.

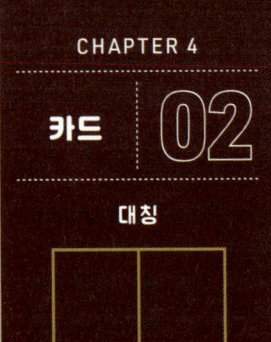

THEMA
호텔 매장 카드

안정감과 성실한 이미지를 주는 대칭 구도를 활용한 좌우 대칭형 디자인. 성실하고 정직한 브랜드 이미지와 잘 어울리는 구도이다.

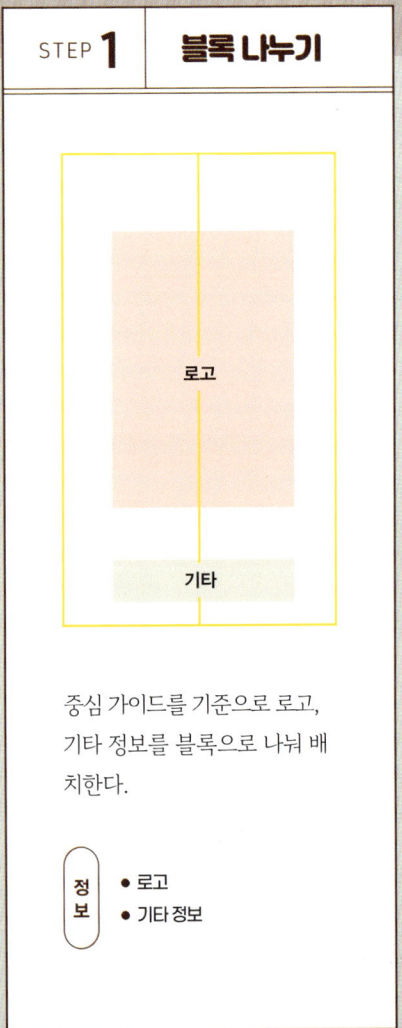

STEP 1 블록 나누기

중심 가이드를 기준으로 로고, 기타 정보를 블록으로 나눠 배치한다.

정보
- 로고
- 기타 정보

STEP 2 레이아웃

주요 소재의 로고를 중앙에 크게 배치하고, URL 등 상세 정보는 하단에 배치한다.

소재
- 로고
- 텍스트

STEP 3 디자인

☑ 폰트 ☑ 배색 ☑ 장식

중앙과 양쪽에 라인을 넣어 세로 라인이 강조되어 스타일리시한 느낌을 준다.

Point!
차콜 한 가지 색으로 통일하여 대칭적인 구도를 활용하면, 차분하고 성숙한 인상을 더욱 돋보이게 만들 수 있다.

• **FONT**

| 기 타 | Bicyclette / Bold |

• **COLOR**

CMYK 53/50/50/42

 완성! 세로 라인을 강조한 심플하고 세련된 디자인 완성!

CHAPTER 4

카드 | 03

대칭

THEMA
치과 진료권

남녀노소 누구나 사용할 수 있는 진료권은 단순함과 명료함이 최우선이다. 중요한 정보를 대칭 구도에 따라 블록으로 나눠 디자인했다.

STEP 1 블록 나누기

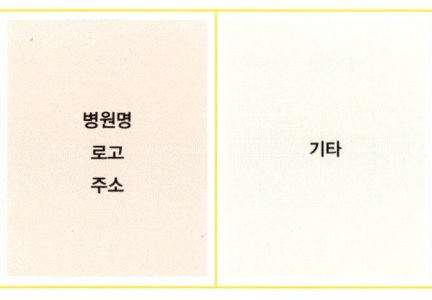

중앙의 가이드를 따라 좌우 같은 크기의 공간에 블록을 나눈다. 왼쪽에 주요 정보, 오른쪽에 기타 상세 정보를 넣는다.

정보
- 주요 정보
- 기타 정보

STEP 2 레이아웃

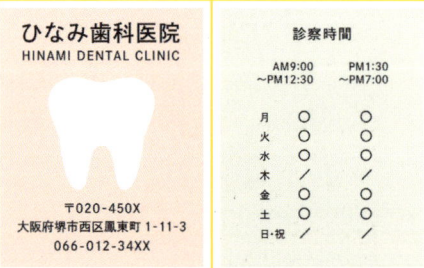

두 개의 공간에 각각의 정보를 입력한다.

소재
- 로고
- 텍스트

STEP 3 　**디자인**　　　　☑ 폰트　☑ 배색　☑ 장식

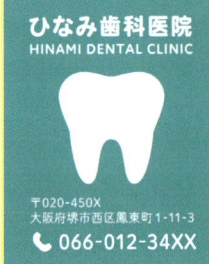

둥글둥글한 글꼴은
친근감이나 부드러운 이미지를
주고 싶을 때 효과적이다.

Point!
치과임을 한눈에 알아볼 수 있도록 치아 아이콘을 크게 배치했다.

● **FONT**

정보　　DNP 秀英丸ゴシック Std / L·B

● **COLOR**

　　　CMYK　76/14/44/0

　**완성!**　│ 다양한 정보를 그린 컬러로 정리한 깔끔한 디자인 완성!

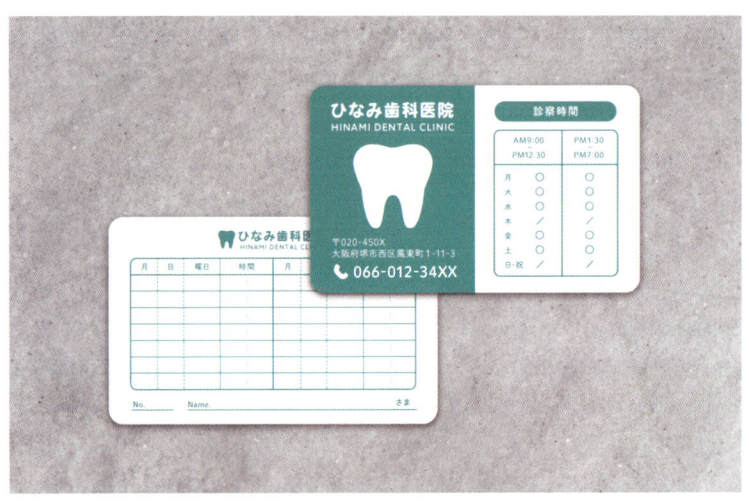

CHAPTER 4

카드 | **04**

황금비

THEMA
소아과 진료권

황금비 가이드에 따라 아이캐치 영역과 정보 영역으로 나누면 전체적인 밸런스가 잘 맞는다.

STEP 1 | **블록 나누기**

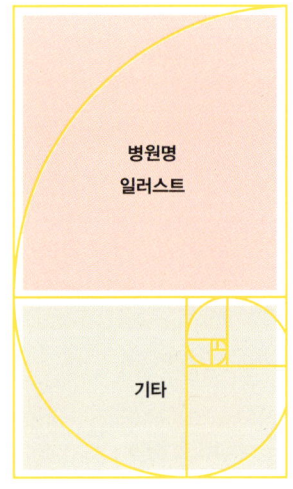

곡선 위쪽은 아이캐치 영역, 아래쪽은 정보 영역으로 나눈다.

정보
- 주요 정보
- 기타 정보

STEP 2 | **레이아웃**

상단에 일러스트와 병원명을, 하단에 기타 정보를 넣는다. 하단은 다시 두 개로 그룹화하여 나눈다.

소재
- 일러스트
- 텍스트

STEP 3 디자인

☑ 폰트　☑ 배색　☑ 장식

좁은 범위에 여러 정보 그룹을 넣을 때는 색상으로 영역을 구분하자.

Point!
배경색은 페일 톤을 사용하여 부드럽고 친근한 인상을 연출한다.

• FONT
병원명	平成丸ゴシック Std / W8
진료권	FOT-UD 丸ゴ_ラジ / B-L / DB
기　타	VDL 丸ゴシック / B-L

• COLOR
■ (페일 옐로우)	CMYK　3/1/26/0
■ (브라운)	CMYK　25/48/59/40
■ (오렌지)	CMYK　0/45/100/0

 완성!

동물 일러스트가 시선을 사로잡는
안심과 따뜻함이 느껴지는 진료권이 되었다.

CHAPTER 4
카드 | 05
삼분할

THEMA
접골원 예약 카드

정보가 많은 경우에도 삼분할 가이드를 따라 배치하면 깔끔하고 균형 잡힌 디자인을 완성할 수 있다.

STEP 1 블록 나누기

입력란, 주요 정보, 기타 정보 입력란을 세로로 가로로 나눈다.

정보
- 입력란
- 주요 정보
- 기타 정보

STEP 2 레이아웃

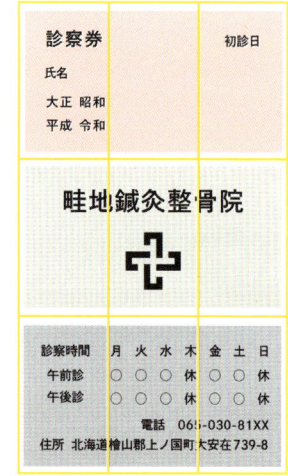

각각의 공간을 다시 삼등분하여 가이드에 따라 로고와 세부 정보를 넣는다.

소재
- 로고
- 텍스트

STEP 3 디자인 ☑ 폰트 ☑ 배색 ☑ 장식

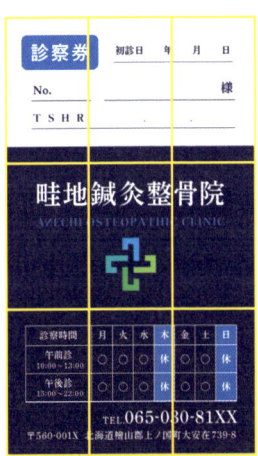

진료권 역할을 하면서도 전달하고 싶은 정보는 삼분할을 통해 알기 쉽게 정리한다.

Point!
진정 효과가 있는 블루를 메인 색상으로 사용하여, 청결함과 신뢰감을 전달한다.

● FONT

접골원명	DNP 秀英横太明朝 Std / B
진료권	DNP 秀英角ゴシック Std / B
기 타	Dejanire Headline / Medium

● COLOR

■	CMYK	97/93/46/11
■	CMYK	70/17/0/0
■	CMYK	62/0/78/0

 완성! │ 정보량이 많은 진료권도, 삼분할을 통해 명확하고 알기 쉬운 디자인으로!

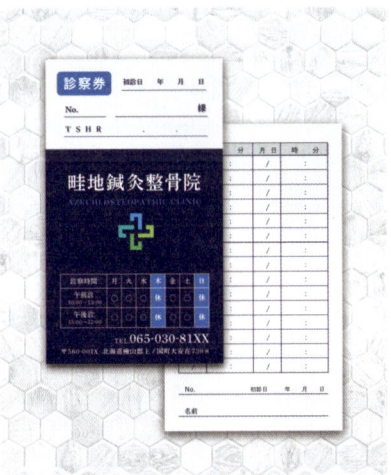

CHAPTER 4

카드 | 06

중앙원

THEMA
미용실 멤버십 카드

가운데에 시선이 모이기 쉬운 중앙원 구도를 사용해 여러 요소를 한곳에 모은 디자인. 주변은 과감하게 여백을 두는 것이 포인트다.

STEP **1**   블록 나누기

중앙원에 주요 정보, 주변 공간에 기타 정보를 넣도록 2개의 블록으로 나눈다.

정보
- 주요 정보
- 기타 정보

STEP **2**   레이아웃

중앙원 안에 들어갈 수 있도록 일러스트와 상호명 등을 배치한다.

소재
- 로고
- 텍스트

STEP 3 디자인

☑ 폰트 ☑ 배색 ☑ 장식

여러 요소를 중앙원 안에 넣어서 하나의 오브제처럼 보이게 할 수 있다.

Point!
문자를 아치형으로 배치하거나 '연결 요소'처럼 원형을 깔아주는 방식으로 감각적으로 잘 정리한다.

• FONT

| 상호명 | Le Havre Rounded / Regular |
| 기 타 | AdornS Serif / Regular |

• COLOR

| 🟧 | CMYK 0/48/55/0 |
| 🟨 | CMYK 0/0/40/0 |

완성! 여러 가지 유럽식 글꼴을 잘 조합한 세련된 디자인을 완성했다.

CHAPTER 2 { 카드 ···· 중앙원 }

135

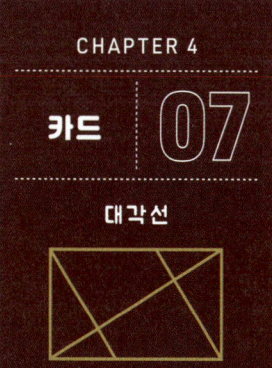

CHAPTER 4

카드 | **07**

대각선

THEMA
음식점 스탬프 카드

대각선을 따라 두 개의 공간으로 나눈 디자인. 글자를 많이 배치해도 구도를 따라가면 깔끔하고 정돈된 느낌으로 완성된다.

STEP 1 　**블록 나누기**

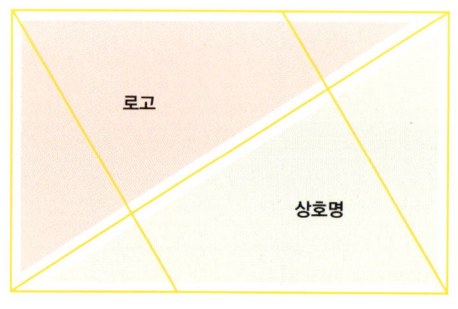

두 개의 삼각형이 서로 마주 보도록 로고와 상호명으로 블록을 나눈다.

정보
- 로고
- 주요 정보

STEP 2 　**레이아웃**

텍스트는 가이드에 따라 사선으로 배치하고, 문자를 일부러 바깥으로 삐져나가게 함으로써 로고에 시선을 집중시킬 수 있다.

소재
- 로고
- 텍스트

STEP **3** 디자인   ☑ 폰트 ☑ 배색 ☑ 장식

문자를 스탬프처럼 거칠게 표현해 캐주얼하고 자유로운 인상을 준다.

Point!
반복된 문자를 일부 잘라내어 임팩트를 연출하고, 문자 자르기는 크고 과감하게 한다.

• **FONT**

상호명 | Sofia Pro / Semi Bold Bold

• **COLOR**

CMYK 7/19/29/0
CMYK 9/83/78/0
CMYK 0/0/0/100

GOAL! 완성！ 글자를 비스듬히 기울이고 일부를 잘라내듯 배치해 생동감 넘치는 디자인 완성!

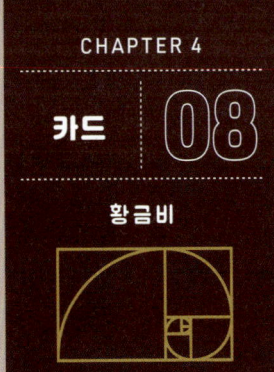

CHAPTER 4
카드 | 08
황금비

THEMA
남성 에스테틱 포인트 카드

황금비율에 따라 문자 정보를 한곳에 모아 로고 마크를 크게 배치한 기본 디자인.

STEP 1 블록 나누기

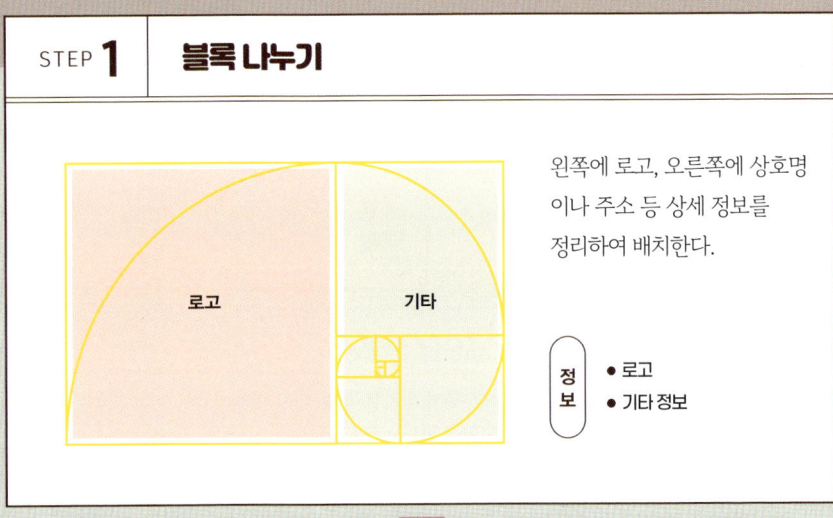

왼쪽에 로고, 오른쪽에 상호명이나 주소 등 상세 정보를 정리하여 배치한다.

정보
- 로고
- 기타 정보

STEP 2 레이아웃

가장 큰 블록에 로고를 크게 배치한다.

소재
- 로고
- 텍스트

STEP 3 디자인

☑ 폰트 ☑ 배색 ☑ 장식

상세 정보의 배경에 은은하게 실루엣을 배치하여 세련되고 성숙한 이미지를 연출한다.

Point!
탁한 블루 계열로 통일하여 남성적인 인상을 준다.

• FONT

| 상호명 | Sweet Sans Pro / Medium |
| 상세 정보 | 源ノ角ゴシック JP / Regular |

• COLOR

- CMYK 40/20/20/0
- CMYK 71/64/61/15

GOAL! 완성!

어른스럽고 차분한 분위기가 인상적인 포인트 카드가 완성되었다.

CHAPTER 4

카드 | 09
삼분할

THEMA
카페 쿠폰

상호명, 매장 정보, 쿠폰 등 많은 정보를 카드에 균형있게 담으려면 삼분할 구도를 사용하는 것이 가장 좋다.

STEP 1 블록 나누기

- 상호명
- 상세
- 쿠폰

가로로 삼등분하여 로고, 매장 정보, 쿠폰으로 구분하여 나눈다.

정보
- 상호명
- 상세 정보
- 쿠폰

STEP 2 레이아웃

STAND CAFE
ROAST

EVERY DAY
7:00 - 18:00
TAKE OUT OK
www.r●a●t.com

COUPON
1 FREE
ESPRESSO

삼분할 구성에서 중앙 세로 구역에 문자 정보를 정리하고, 쿠폰 부분은 쉽게 잘라낼 수 있도록 하단에 배치한다.

소재
- 텍스트

STEP 3 　 디자인　　　　　　　　☑ 폰트　☑ 배색　☑ 장식

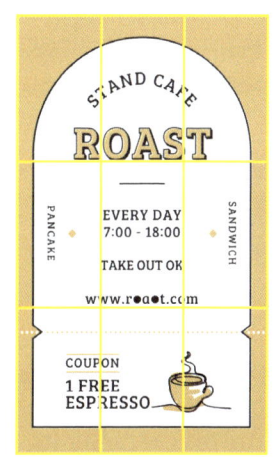

사방을 둘러싸도록 프레임을 배치하면 중앙에 시선을 집중시킬 수 있다.

Point!
쿠폰 부분에 자르는 선과 일러스트를 넣어 캐주얼한 느낌을 준다.

• FONT

| 상호명 / 상세 정보 | Bree Serif / Regular |

• COLOR

　CMYK　17/22/59/0
　　CMYK　0/0/0/100

GOAL! 완성!

로고, 매장 정보, 쿠폰의 각 정보를 한눈에 알아볼 수 있는 디자인으로 완성했다.

CHAPTER 4

카드 | 10

중앙원

THEMA
네일 숍 쿠폰

쿠폰 정보를 중앙에 크게 배치한 중앙원 구도의 레이아웃. 중요한 정보만 가운데에 배치하여 콘텐츠 내용이 바로 전달되게 하는 디자인이다.

STEP 1 | 블록 나누기

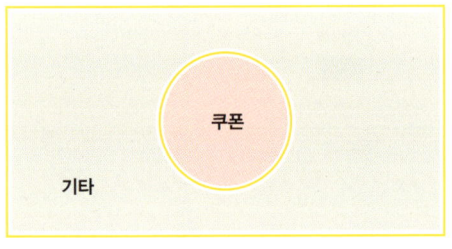

중앙원의 구도를 따라 가운데에 쿠폰 정보, 기타 정보는 별도로 두 영역으로 블록을 나눈다.

정보
- 쿠폰 정보
- 기타 정보

STEP 2 | 레이아웃

중앙에 가장 돋보이게 하고 싶은 '50% OFF'를, 주변에 다른 정보를 배치했다. 중앙원의 크기에 따라 주변 공간도 효율적으로 활용할 수 있다.

소재
- 텍스트

STEP **3**   디자인   ☑ 폰트   ☑ 배색   ☑ 장식

중앙의 '50% OFF'가 포인트가 되는 디자인. 세리프체와 조금 두꺼운 폰트를 사용해 여성스러운 느낌을 준다.

Point!

정보량이 많을 때에는 부분적으로 배경색을 넣고 흰색 문자를 사용해 차별화한다.

• **FONT**

상호명	Copperplate / Medium
기 타	Mostra Nuova / Regular Bold

• **COLOR**

	CMYK	7/10/10/0
	CMYK	0/40/30/0
	CMYK	40/60/40/0

GOAL!   완성!   베이지×핑크×도트 조합으로 성숙하면서도 사랑스러운 디자인이 완성되었다.

CHAPTER 4

카드 11

대각선

THEMA
전시회 티켓

임팩트 있는 디자인을 원한다면 대각선 구도를 따라 제목이나 이미지를 과감하게 비스듬히 배치해 보자!

STEP 1 블록 나누기

이미지, 제목 및 기타 정보로 블록을 나눈다

정보
- 이미지
- 제목
- 기타 정보

STEP 2 레이아웃

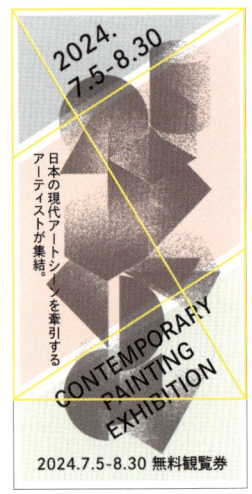

제목과 개최일을 대각선 가이드를 따라 비스듬히 배치한다.
그 외의 공간에는 상세 정보를 넣는다

소재
- 일러스트
- 텍스트

STEP 3 디자인

☑ 폰트　☑ 배색　☑ 장식

아트 이미지에 제목을 과감하게 얹어 임팩트를 준다. 글자를 크게 하여 시인성도 확보할 수 있다.

Point! 하단에 깔린 보더가 안정감을 주고 액센트 역할을 한다.

● FONT

제 목　Mostra Nuova / Bold
기 타　VDL Ｖ７ゴシック / L

● COLOR

　　　CMYK　50/20/0/0
　　　CMYK　0/0/0/100

완성! ‖ 제목을 비스듬히 배치한 임팩트 있는 디자인 완성!

CHAPTER 2 〔 카드 ┈ 대각선 〕

CHAPTER 4
카드 **12** 삼각형

THEMA
사우나 이용권

중앙에 삼각형을 배치하고 그 안에 로고를 배치한다. 삼각형을 의식하면서 로고와 글자를 배치해 보자.

STEP 1 블록 나누기

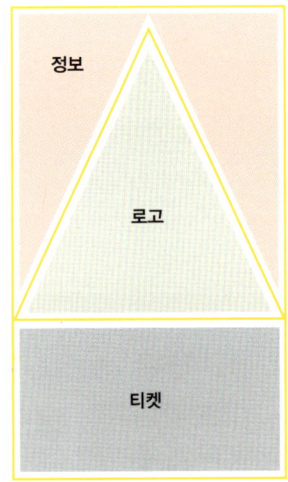

중앙의 삼각형을 로고,
그 주위를 주요 정보, 티켓 공간
으로 나눈다.

정보
- 주요 정보
- 로고
- 티켓

STEP 2 레이아웃

만든 공간 안에 로고, 텍스트
정보를 넣는다.

소재
- 로고
- 텍스트

STEP 3 디자인

☑ 폰트　☑ 배색　☑ 장식

주요 정보 부분과 티켓 부분을 색상으로 구분하여 구역을 나눈다.

Point! 장식으로 수증기 아이콘을 배치한다. 사우나다운 분위기를 연출한다.

● FONT

정　보　｜　平成丸ゴシック Std / W4

● COLOR

CMYK　0/40/38/0
CMYK　0/18/33/0
CMYK　0/80/80/20

GOAL! 완성!

투톤 컬러가 인상적인 따뜻한 느낌의 티켓을 완성했다!

COLUMN No.04

목적에 따라 구도를 구분하자!
차분한 디자인을 만드는 방법

삼각형이나 대각선은 역동적인 디자인에 적합하지만, 대칭이나 삼분할은 차분한 분위기의 디자인에 적합하다. 여기서는 '차분한 분위기의 디자인'의 제작 포인트를 소개한다.

TYPE 1

격식을 갖춘 정석 디자인 '대칭'
점프율을 작게!

디자인 포인트

POINT 1 글자 점프율(대소 차이)을 작게 해서 차분한 디자인으로!

POINT 2 글자와 사진을 중앙에 정렬하여 배치. 피사체를 너무 크게 만들지 않도록.

POINT 3 전체적으로 채도가 낮고 탁한 느낌의 컬러로 차분한 분위기를 연출.

FONT
제목 : Baskerville / Regular
로고 : Behila / Regular

COLOR
CMYK 34/17/18/0
CMYK 0/0/0/0

LAYOUT SAMPLE

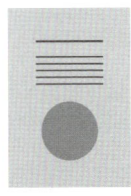 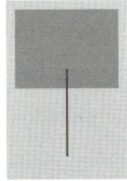   

차분한 디자인을 연출하는 요령

- ✓ 주인공을 명확히 하고 주변에 여백을 만들어라!
- ✓ 사진이나 카피의 점프율을 낮춘다!
- ✓ 기본에 충실한 폰트, 너무 튀지 않는 컬러를 사용하라!

TYPE 2 | 여백을 만든다
계획적으로 여백을 만들 수 있는 '삼분할'

디자인 포인트

POINT 1 두드러지게 하고 싶은 부분 주변에 넉넉한 여백을 두어 시선을 의도적으로 유도.

POINT 2 디자인이 많이 가미된 폰트보다 기본 폰트를 사용.

POINT 3 메인 컬러와 액센트 컬러 2개 정도의 컬러로 정리.

FONT
- 제목 : 貂明朝テキスト / Regular
- 로고 : Baskerville / SemiBold

COLOR
- ■ CMYK 48/78/89/20
- ■ CMYK 9/30/36/0

LAYOUT SAMPLE

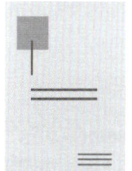 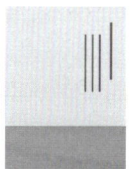  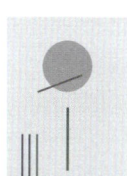 

6 가지 구도로 비교해보자!

(구도에 따라 달라지는 인상과 활용 사례)

이 장에 나온 예제를 다른 구도로 만들어 보았다. 구도에 따라 인상과 효과가 어떻게 달라지는지 디자인을 비교해보자!

 **01** 황금비

상호명과 로고 사이에 여백을 두어 양쪽의 가시성을 모두 확보한 레이아웃.

02 삼분할

하나의 프레임에 넣거나 여러 프레임에 걸쳐 요소를 배치. 상호명이 한눈에 들어오는 레이아웃.

03 대각선

상호명을 버리고 로고 마크에 시선이 가도록. 캐주얼하고 즐거운 분위기를 연출한다.

04 중앙원

정통적이고 진지한 인상을 주는 중앙원 구도. 카드 디자인에서 가장 기본이 되는 레이아웃.

 **05** 대칭

 원래 구도 (P.080)

구역을 나눠서 디자인 폭을 넓혔다.

06 삼각형

요소를 바로 정렬하고 삼각형이 되도록 배치한다.

CHAPTER 05
POP

POP 의 역할은 눈길을 끌어 흥미를 유발하고,
이벤트나 전시회, 상품의 매력을 쉽게 전달하여
고객이 행동하도록 유도하는 것이므로,
게시될 장소까지 고려하여 보는 사람의 시선을 단번에
사로잡는 POP 디자인을 만들어야 한다.

CHAPTER 5
POP 01
황금비

THEMA
카페 신메뉴 POP

신메뉴의 경우, 상품 사진을 크게 다루는 것이 철칙이다. 고객이 '먹고 싶다'는 생각을 가질 수 있도록 상품의 매력을 시각적으로 어필하자.

STEP 1 블록 나누기

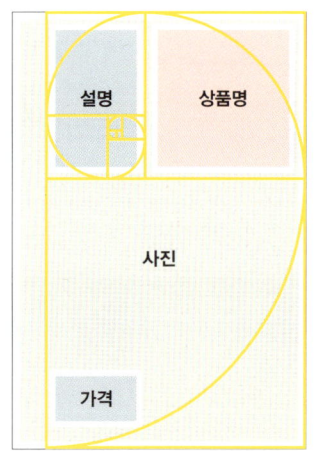

상품 사진을 전면에 배치한다. 상단에 상품명과 설명, 하단에 가격을 넣는다.

정보
- 상품 사진
- 상품명
- 설명
- 가격

STEP 2 레이아웃

피사체(티라미수)가 황금비율의 하단에 오도록 위치와 크기를 조정한다. 텍스트도 각각의 공간에 넣는다.

소재
- 상품 사진
- 텍스트

STEP 3 디자인

☑ 폰트 ☑ 배색 ☑ 장식

상품 사진의 시크하고 우아한 분위기에 맞춰 제목은 명조체를 선택했다.

Point! 코너에 약간의 장식이 있는 프레임을 배치하여 우아한 분위기를 더욱 강조한다.

• **FONT**

정보 / 설명	しっぽり明朝 / Medium
기타	Zen Kaku Gothic New / Medium

• **COLOR**

□ CMYK 0/0/0/0
■ CMYK 40/50/57/30

GOAL! 완성!

맛있어 보이는 티라미수에 마음이 설레는 품격 있고 우아한 POP 완성!

CHAPTER 5

POP | 02

황금비

THEMA
주류 상품 POP

이미지 사진을 사각형으로 크게 독립적으로 사용하고 싶을 때, 다른 요소의 배치가 고민될 수 있지만, 구도에 맞춰 정리하면 깔끔하게 조화를 이룰 수 있다.

STEP 1 블록 나누기

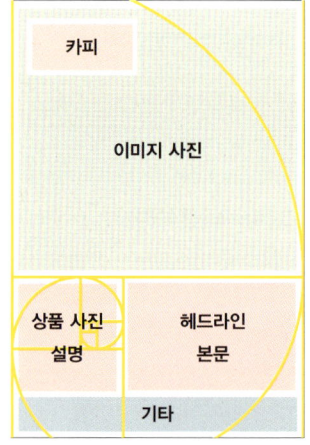

황금비율을 가로 폭에 맞추고, 상하 위치는 중앙에 맞춘다. 이미지 사진을 크게 사용하고 그 외의 정보는 하단에 배치한다.

정보
- 이미지 사진
- 헤드라인 / 본문 / 카피
- 상품 사진 / 설명
- 기타

STEP 2 레이아웃

문자 정보는 중요도에 따라 크기를 조절하여 선명하게 표시한다.

소재
- 이미지 사진
- 상품 사진
- 텍스트
- 로고

STEP 3 디자인 ☑폰트 ☑배색 ☑장식

이미지 사진의
분위기를 높이기 위해
피사체의 위치와
크기를 조정한다.

Point! 이미지 사진은 삼분할 구도를 적용하고, 교차점에 인물을 배치하면 균형감이 좋아진다.

• FONT

헤드라인	貂明朝 テキスト / Regular
본　문	貂明朝 テキスト / Italic
New!	American Scribe / Regular

• COLOR

- 🟩 CMYK　57/16/97/0
- ⬛ CMYK　0/0/0/75
- 🟧 CMYK　2/43/51/0

GOAL! 완성!

이미지 사진, 상품 사진, 텍스트가 균형 있게 어우러진 POP 완성!

CHAPTER 5

POP | 03

황금비

THEMA
파스타 메뉴 POP

메뉴 디자인에서는 오려낸 사진을 자주 사용한다. 여기서는 오려낸 사진과 짧은 단어의 캐치프레이즈를 활용하여 직관적으로 와닿는 디자인을 만든다.

STEP 1 블록 나누기

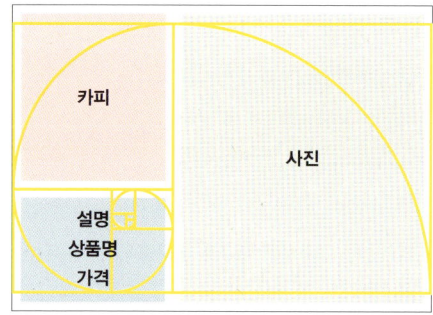

황금비율을 가로 폭에 맞추고, 상하 위치는 중앙에 맞춘다. 상품 사진은 오른쪽의 큰 공간에, 나머지는 왼쪽에 배치한다.

정보
- 상품 사진
- 카피
- 설명
- 상품명 / 가격

STEP 2 레이아웃

짧은 단어의 캐치프레이즈를 왼쪽 상단에 크게 배치. 오려낸 요리 사진도 크게 배치한다.

소재
- 상품 사진
- 텍스트

STEP **3** 디자인 ☑ 폰트 ☑ 배색 ☑ 장식

배경에 일러스트를 넣어 이미지를 증폭시킨다. 사진에 방해가 되지 않도록 색을 절제하고 있다.

Point!
캐주얼한 이탈리안 스타일에는 소박한 느낌의 크래프트지와 선 중심의 그림이 잘 어울린다.

● FONT

| 카 피 | DNP 秀英明朝 Pr6N / M |
| 설 명 | Zen Kaku Gothic New / Regular |

● COLOR

| | CMYK 22/26/30/22 |
| | CMYK 0/0/0/100 |

완성! 생생한 파스타 사진이 눈에 쏙쏙 들어오고, 특징도 직관적으로 전달되는 메뉴가 탄생했다!

CHAPTER 5

POP | 04

POP

삼분할

THEMA
운동 교실 코스 설명 POP

이번에는 3개의 코스를 소개하므로 삼분할 구도를 사용할 것이다. 같은 디자인을 세 개 나란히 배치하고 색상으로 차별화하는 디자인을 만들어 보자.

STEP 1 블록 나누기

세로로 3분할하여 사진, 코스명, 코스 설명의 공간을 만든다.

정보
- 인물사진
- 코스명
- 코스 설명

STEP 2 레이아웃

사진이나 텍스트 자료를 넣는다.

소재
- 인물 사진
- 텍스트

STEP 3 디자인

☑ 폰트　☑ 배색　☑ 장식

코스별로 색상으로 분류한다. 사진도 가공해서 색을 맞춰서 배치한다.

Point!

설명 부분은 문장을 표로 만들거나 가격 등 중요한 정보를 크게 해서 보기 쉬워야 한다!

• FONT

스포츠 이름	Europa / Bold
코스명 / 설명	DNP 秀英丸ゴシック Std/B

• COLOR

- ■ CMYK 68/0/40/0
- ■ CMYK 0/36/100/0
- ■ CMYK 14/64/0/0

GOAL! 완성!

코스 종류와 가격을 한눈에 볼 수 있고, 내용도 알기 쉬운 POP를 만들었다!

CHAPTER 5

POP | 05

삼분할

THEMA
중화 요리점 POP

중앙에 제목을 배치하고 주변을 사진으로 둘러싸는 디자인. 중앙원 구도도 좋지만, 삼분할을 하면 균형이 잘 잡히고 안정감 있게 마무리할 수 있다.

STEP 1 블록 나누기

제목은 중앙에, 사진은 네 귀퉁이에 배치할 수 있는 공간을 만든다.

정보
- 상품 사진
- 제목

STEP 2 레이아웃

어떤 위치에 어떤 사진을 배치하면 보기 좋고 균형이 잘맞는지 사진을 바꿔가면서 최적의 배치를 결정한다.

소재
- 상품 사진
- 텍스트

160

STEP 3 디자인

☑ 폰트　☑ 배색　☑ 장식

요리의 맛에 어울리는 배경과 장식을 추가해 나간다.

Point!
사진을 조금 기울임으로써 지면에 동적인 느낌을 주고, 즐거운 분위기도 높일 수 있다!

• FONT

| 제 목 | AB-yurumin / Regular |
| 카 피 | Rounded M+ 2p / Bold |

• COLOR

| ■ | CMYK | 19/92/92/0 |
| □ | CMYK | 0/0/0/0 |

GOAL! 완성!

정돈된 레이아웃을 장식이나 사진의 각도 등으로 적절히 깨뜨려서 위트를 더한 POP를 완성했다!

CHAPTER 5

POP | 06

삼분할

THEMA
화장품 신상품 POP

사진과 텍스트의 공간 배분을 고민할 때는 삼등분하여 2:1의 비율로 배치하면 균형 잡힌 지면을 만들 수 있다.

STEP 1　블록 나누기

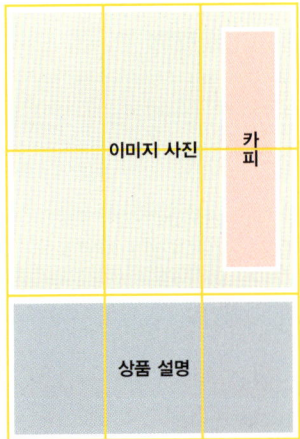

먼저 공간을 2:1로 나누어 위쪽은 이미지 사진과 카피, 아래쪽은 상품 설명을 위한 공간으로 설정한다.

정보
- 이미지 사진
- 카피
- 상품 설명

STEP 2　레이아웃

이미지 사진은 교차점에 상품이 오도록 배치하면 균형이 잘 잡혀 보인다.

소재
- 이미지 사진
- 상품 사진
- 텍스트

STEP 3 디자인

✓ 폰트 ✓ 배색 ✓ 장식

날짜를 카피 바로 아래에서 약간 비껴 놓으면 눈길을 끌고, 지면 전체의 단조로움도 없어진다.

Point!
사진에서 추출한 색을 사용하면 이미지 사진을 방해하지 않으면서 전체가 조화를 이룬다.

• FONT

카피	貂明朝 テキスト / Regular
날짜	貂明朝 テキスト / Italic
설명	DNP 秀英角 ゴシック銀 Std / M

• COLOR

CMYK 8/43/60/0
CMYK 43/20/43/0
CMYK 0/0/0/85

GOAL! 완성!

이미지 사진과 상품 정보의 균형이 잘 잡힌 깔끔한 POP가 완성되었다.

CHAPTER 5

POP 07 대칭

THEMA
샴푸 상품 POP

유사한 것들의 차이를 빠르게 전달하고 싶을 때는 대칭 구도로 좌우 반전된 레이아웃을 사용하는 것이 좋다. 직관적으로 전달되는 디자인이 된다.

STEP 1 | 블록 나누기

| 사진 | 상품 설명 | 상품 설명 | 사진 |

먼저 공간을 좌우로 나누어 상품 설명과 사진을 좌우 반전된 레이아웃으로 넣는다.

정보
- 상품 사진
- 상품 설명

STEP 2 | 레이아웃

ごわつく髪に!
しっとりうるうる
まとまる髪へ

PUREME
モイストリペア
シャンプー

絡みやすい髪に!
さらさらかろやか
流れる髪へ

PUREME
エアリースムース
シャンプー

각 상품의 차이점, 특징을 알 수 있는 간결한 카피를 넣고, 글자 수에도 신경을 써서 대조적인 디자인이 될 수 있도록 한다.

소재
- 상품 사진
- 텍스트

STEP 3 　디자인　　　☑ 폰트　☑ 배색　☑ 장식

대비가 잘 드러나는 카피 부분을 크게 하여 명료한 레이아웃을 완성했다.

Point!

상품 색상을 사용하여 배경에 색을 입히면 대비가 더욱 분명해진다.

• FONT

텍스트　|　平成角ゴシック Std / W7

• COLOR

CMYK　17/33/0/0
CMYK　43/0/30/0
CMYK　0/0/0/0

GOAL!　완성!　| 딱 봐도 상품의 특징이 한눈에 들어오는, 호소력이 빠른 POP를 만들었다!

CHAPTER 5

POP | 08

대칭

THEMA
소프트아이스크림 신상품 POP

대칭 구도는 상품이 가진 입체성을 보여주고 싶을 때에도 유용하다. 중앙에 상품 사진을 크게 배치해 임팩트 있는 POP를 만들어 보자!

STEP 1 블록 나누기

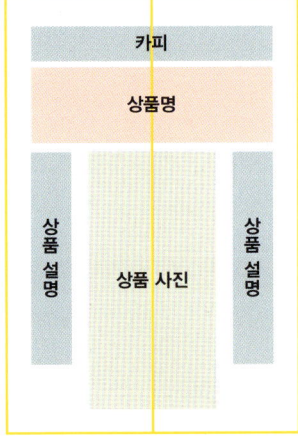

상품명과 사진을 중앙에 배치한다. 이를 둘러싸듯이 다른 텍스트를 넣는다.

정보
- 텍스트
- 상품명
- 상품 사진

STEP 2 레이아웃

오려낸 사진을 사용하면 불필요한 배경 없이 크게 배치할 수 있어 상품에 대한 주목도를 높일 수 있다.

소재
- 상품 사진
- 텍스트

STEP 3　디자인　　　☑ 폰트　☑ 배색　☑ 장식

2가지 맛의 이미지를 담은 컬러와 모티브로 배경을 제작. 세계관을 만들어낸다.

Point!
식품 사진의 색조를 조정할 때는 콘트라스트를 약간 높이면 더욱 선명하고 윤기 있어 보인다.

● FONT

상품명	Adorn Serif / Regular
상품 설명	貂明朝テキスト / Regular

● COLOR

- CMYK　20/48/69/0
- CMYK　8/10/17/0
- CMYK　0/0/0/100

GOAL! 　완성!

상품의 특징과 매력이 전달되는 임팩트 있는 디자인이 되었다.

CHAPTER 5

POP

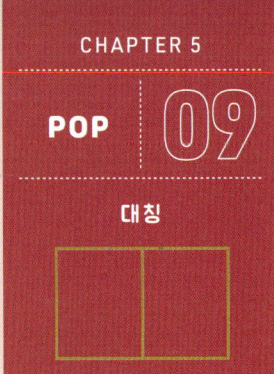

09 대칭

THEMA
잡화점의 코너 POP

텍스트와 사진의 공간을 균등하게 분할하는 레이아웃은 다양한 장면에서 응용할 수 있다. 균형 잡히고 안정감 있는 디자인으로!

STEP 1 블록 나누기

왼쪽은 텍스트, 오른쪽은 사진으로 나누어 배치한다.

> 정보
> - 상품 사진
> - 텍스트

STEP 2 레이아웃

제목은 크게, 그 외의 텍스트는 작게 넣는다. 사진은 오른쪽 공간에 맞게 배치한다.

> 소재
> - 상품 사진
> - 텍스트

STEP 3 디자인

☑ 폰트 ☑ 배색 ☑ 장식

사진을 창문 모양으로 자른다. 배색은 아기용답게 부드럽고 차분한 색을 선택한다.

Point!
손글씨와 일러스트를 사용하여 자연스럽고 따뜻한 세계관을 연출한다.

• FONT

| 제 목 | Circe / Bold |
| 카 피 | DIN Condensed / Bold |

• COLOR

	CMYK	30/33/33/0
	CMYK	0/0/32/0
	CMYK	0/0/0/0

GOAL! 완성!

내추럴하고 부드러운 분위기를 자아내는 코너 POP 완성!

CHAPTER 5

POP 10

대각선

THEMA
SNS 포스팅 캠페인 POP

SNS 게시 등 액션을 유도하고 싶을 때는 대각선 구도로 오른쪽 어깨 위로 글자를 배치하는 것을 추천한다. 활기차고 힘찬 디자인이 된다.

STEP 1 블록 나누기

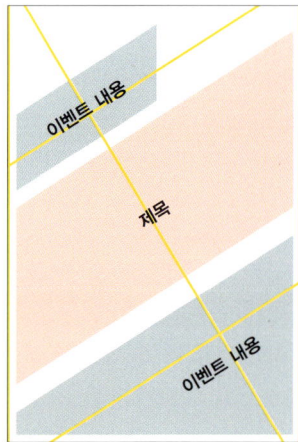

대각선을 따라 중앙에 제목을, 교차점에 각각 이벤트 내용을 담을 수 있는 공간을 만든다.

정보
- 이벤트 내용
- 제목

STEP 2 레이아웃

구체적인 행동 내용이나 응모 기간 등 중요한 내용을 교차점에 배치한다. 제목은 오른쪽 어깨에 배치하면 활기차고 힘찬 이미지를 연출할 수 있다.

소재
- 텍스트

STEP **3** 디자인   ☑ 폰트 ☑ 배색 ☑ 장식

문자를 가공하거나 재미있는 배경을 사용하여 캠페인의 흥미진진한 분위기를 연출한다.

Point!
텍스트를 아이콘으로 바꾸면 더 빠르고 직관적으로 전달되는 디자인이 된다!

• **FONT**

제목	わんぱくルイカ / 08
날짜	IBM Plex Sans JP / Bold
기타	FOT- セザンヌ ProN / M

• **COLOR**

- CMYK 0/61/49/0
- CMYK 68/0/28/0
- CMYK 0/0/63/0
- CMYK 0/0/0/80

GOAL! 완성!

캠페인 내용을 알기 쉽게, 그리고 나도 모르게 참여하고 싶어지는 즐거운 POP로!

CHAPTER 5

POP 11

POP 대각선

THEMA
썬크림 POP

대각선의 교차점에 상품을 배치하여 지면에 리듬감을 살린 디자인. 텍스트가 적고 상품 사진을 메인으로 하는 POP에 추천한다.

STEP 1 블록 나누기

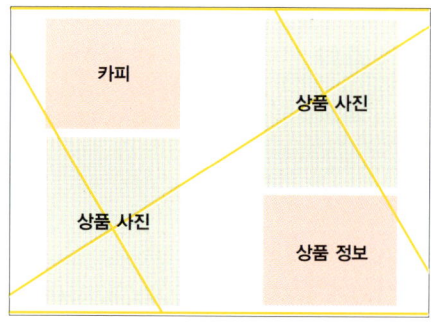

대각선 구도를 조금 이동시켜 사용한다. 교차점에 상품 사진을 배치하고, 그 위아래에 텍스트 등의 공간을 마련한다.

정보
- 상품 사진
- 카피
- 상품 정보

STEP 2 레이아웃

상품 사진은 약간 기울이거나 크기에 차이를 주어 원근감을 살리면 더욱 생동감 있고 리듬감 있는 연출이 가능하다.

소재
- 상품 사진
- 텍스트
- 로고

| STEP **3** | 디자인 | ✓ 폰트　✓ 배색　✓ 장식 |

부드러운 그러데이션으로 상품의 귀여움을 더욱 돋보이게 한다.

Point!
카피를 손글씨로 작성하면, 친근감 있고 현대적인 디자인이 된다.

● **FONT**

로　고	Chevin Pro / Medium Italic
상품 설명	Arboria / Medium
카　피	DNP 秀英丸ゴシック Std / L

● **COLOR**

	CMYK	15/15/2/0
	CMYK	3/15/3/0
	CMYK	0/5/8/0
	CMYK	0/0/0/65

 완성！　상품의 귀엽고 발랄한 매력이 잘 전달되는 POP가 탄생했다.

CHAPTER 5

POP | 12

대각선

THEMA
신상품 음료 POP

글자를 비스듬히 배치한 디자인은 신선하고 활기찬 인상을 주지만, 레이아웃이 어렵다는 것이 고민거리다. 구도를 이용해 정리해보자!

STEP 1 블록 나누기

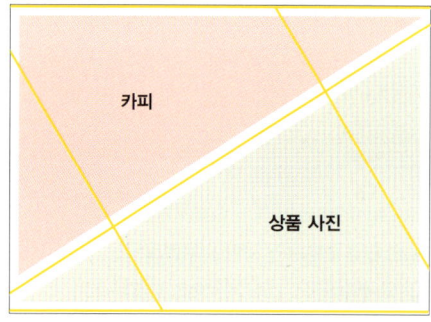

대각선 구도를 조금 이동시켜 사용한다. 왼쪽 상단에 카피를 배치하고, 오른쪽 하단에 상품 사진의 공간을 마련한다.

정보
- 상품 사진
- 카피

STEP 2 레이아웃

각각의 공간에 텍스트나 사진을 넣는다. 대각선 배경을 추가하면 더 역동적인 느낌의 지면이 된다.

소재
- 상품 사진
- 텍스트

STEP 3 디자인

☑ 폰트　☑ 배색　☑ 장식

배경을 붓으로 칠한 것 같은 소재로 대체하거나 글자를 가공하여 이미지를 더욱 돋보이게 한다.

Point!
글자의 일부 색을 변경하면 적당한 이질감이 생기고 눈길을 끌게 된다.

● FONT

제 목	りょうゴシック PlusN / B Market Pro / Regular
악센트	
상품 상세	DNP 秀英丸ゴシック Std / B

● COLOR

- ■ CMYK 53/15/98/0
- ■ CMYK 0/23/100/0
- ■ CMYK 0/0/0/65

GOAL! 완성!

신선하고 역동적인 느낌을 주면서 깔끔한 캐치프레이즈도 눈길을 끄는 디자인!

175

CHAPTER 5

POP — 삼각형

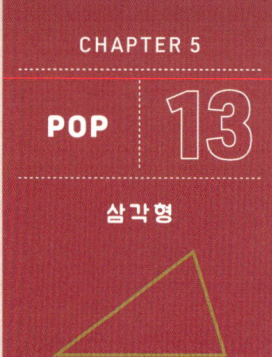

THEMA
피자 가게의 메뉴 POP

상품 사진을 오려내 삼각형의 꼭대기에 배치한다. 균형과 리듬감을 모두 갖춘 즐거운 POP를 완성했다!

STEP 1 블록 나누기

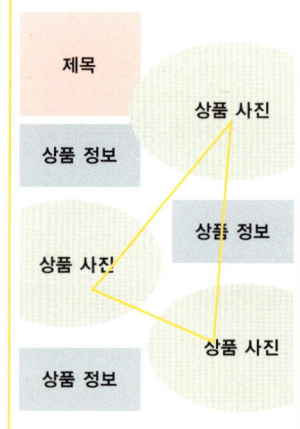

상품 사진을 삼각형의 꼭짓점 부근에 배치하고, 빈곳에는 텍스트 공간을 마련한다.

정보
- 상품 사진
- 제목
- 상품 정보

STEP 2 레이아웃

사진 크기에 변화를 주면, 지면에 더욱 활기와 리듬감이 생긴다.

소재
- 상품 사진
- 텍스트

STEP 3 디자인　　☑ 폰트　☑ 배색　☑ 장식

폰트나 장식으로 캐주얼한 분위기를 연출. 상품 사진에 방해가 되지 않도록 색상 수를 최소화한다.

Point!
손글씨 느낌의 부드러운 곡선 말풍선을 사용하면 꾸미지 않은 편안한 이미지를 연출할 수 있다.

• **FONT**

제 목	Turbinado / Bold Pro
상품명	DIN 2014 Narrow / Demi
상품 설명	凸版文久見出しゴシック Std / EB

• **COLOR**

- ■ CMYK 0/0/0/100
- ■ CMYK 0/49/100/0
- ■ CMYK 0/0/70/0

GOAL! 완성 ▎선명한 피자 사진이 눈길을 끄는 캐주얼하고 즐거운 분위기의 디자인 완성!

CHAPTER 2 POP 삼각형

177

CHAPTER 5

POP

14

삼각형

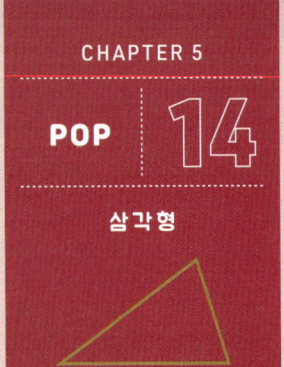

THEMA
의류 세일 POP

역삼각형은 상단에 정보를 크게 배치해 한눈에 들어오는 레이아웃이다. 세일 공지 등 임팩트 있는 디자인에 적합하다.

STEP 1 블록 나누기

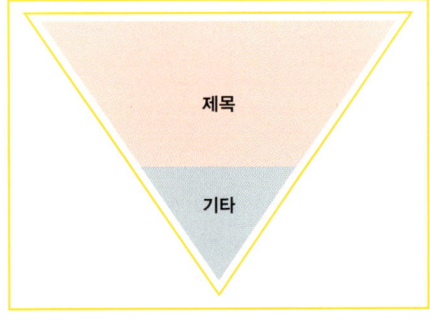

종이 한 면을 가득 채운 역삼각형 안에 제목이나 기타 정보를 넣을 수 있는 공간을 마련한다.

정보
- 제목
- 기타

STEP 2 레이아웃

역삼각형 구도를 따라 텍스트를 배치한다.

소재
- 텍스트

178

STEP 3 디자인

☑ 폰트 ☑ 배색 ☑ 장식

세일 POP는 매장 분위기에 맞는 폰트 선택과 매장에서 묻히지 않는 배색이 포인트다.

Point!
복잡한 장식은 자제하고, 색상도 세 가지 정도로 제한하여 심플하게!

• FONT

제 목	Circe / Bold
기 타	DIN Condensed / Bold
Special	Fairwater Script / Bold

• COLOR

■	CMYK 0/0/0/100
■	CMYK 0/100/0/0
□	CMYK 0/0/0/0

GOAL! 완성! 깔끔한 레이아웃으로 텍스트만으로도 이렇게 임팩트 있는 디자인을 만들 수 있다!

CHAPTER 5

POP 15

중앙원

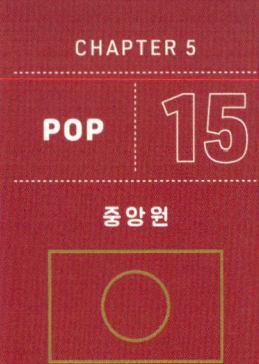

THEMA
해피아워 POP

사진을 중앙에 크게 배치해 단번에 시선을 사로잡는 디자인. 가성비 좋은 느낌을 전달하고 싶은 음료 무제한 POP에 딱 맞는 레이아웃이다.

STEP 1 블록 나누기

원 안에 상품 사진을 배치하고, 위아래로 날짜와 제목, 기타 이벤트 내용 등의 텍스트 공간을 마련한다.

정보
- 상품 사진
- 날짜 / 제목
- 가격 / 시간

STEP 2 레이아웃

가장 어필하고 싶은 가격의 숫자를 가장 크게 배치한다. 다음으로 이벤트 이름도 크게 배치한다.

소재
- 상품 사진
- 텍스트

STEP 3 디자인

☑ 폰트 ☑ 배색 ☑ 장식

사진을 둘러싸듯 글자를 배치. 글자에는 테두리와 그림자를 넣어 코믹하고 재미있는 분위기를 연출했다.

Point!
진한 배경색을 사용할 때는 흰색 글씨를 섞어 넣는 것이 좋다. 무거운 느낌이 줄어들고 개방감이 생긴다.

● **FONT**

제 목	Copperplate / Bold
시 간	Market Pro / Cond Medium
기 타	わんぱくルイカ - 08

● **COLOR**

 CMYK 14/33/84/0
CMYK 0/0/0/100
CMYK 0/0/0/0

 완성!

가격과 맥주에 시선이 집중되면서 부담 없이 즐길 수 있는 분위기가 전해지는 POP 완성!

CHAPTER 2 POP 중앙원

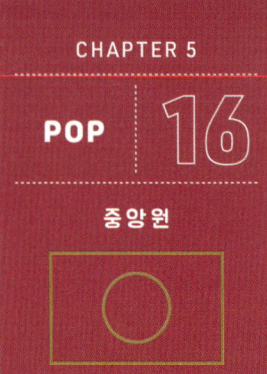

CHAPTER 5
POP 16
중앙원

THEMA
어버이날 POP

부드러운 분위기를 유지하면서도 이벤트 제목에 시선이 집중되도록 하고 싶다. 중앙원 구도는 분위기를 해치지 않으면서도 시선을 중앙으로 모을 수 있다.

STEP 1 블록 나누기

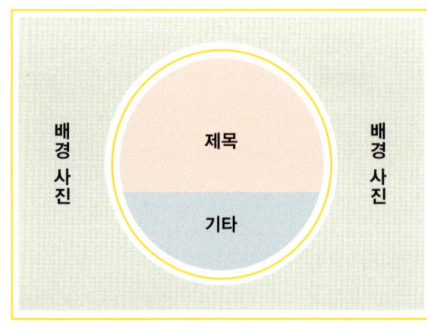

중앙에 제목 등 모든 텍스트를 모으고, 주변을 사진 소재로 감싼다.

정보
- 배경 사진
- 제목
- 기타

STEP 2 레이아웃

중앙에 여백이 있는 배경 사진은 시선이 자연스럽게 중앙으로 향하도록 스타일링되어 있어 POP 제작에도 유용하게 활용할 수 있다.

소재
- 배경 사진
- 텍스트

STEP 3 　 디자인　　　☑ 폰트　☑ 배색　☑ 장식

제목은 굵은 고딕체를 사용해 시인성을 높였다. 약간의 일러스트를 넣어 화려함을 더했다.

Point!
빈 공간을 가득 채우지 않고, 적당히 여백을 남기는 것이 포인트다!

● FONT

제 목	Brandon Grotesque / Blackt
악센트	ChippewaFalls / Regular
기 타	DNP 秀英丸ゴシック Std / B

● COLOR

■ CMYK　4/52/3/0
□ CMYK　0/0/0/0

GOAL!　완성!　｜　심플한 디자인이지만 중앙원 구도의 효과로 가운데 제목에 시선이 집중되는 디자인.

COLUMN No. 05

깔끔하고 보기 편한 '전달력 있는 디자인'을 지향하자!
정보가 많을 때 정리하는 방법

정보를 많이 담고 싶을 때는 작업을 시작하기 전에 먼저 정보를 정리하는 것이 좋다. 글자로만 구성하면 문장이 길어질 수 있는 내용도, 디자인적인 기법을 활용하면 의외로 깔끔하게 보이게 할 수 있다. 여기에서는 정보를 정리하는 방법을 소개한다.

TYPE 1 정보의 우선순위를 정하라!

2024년 4월 13일(토), 웹 세미나 개강! 지금만 수강료 반값! 24시간 언제든지 PC, 태블릿, 스마트폰으로 수강 가능. 시간과 장소에 구애받지 않고 수강할 수 있다.

중요도	제목 ▶ 웹세미나 개강!
두 번째	날짜 ▶ 2024년 4월 13일(토)
세 번째	한정 이벤트 ▶ 지금만 수강료 반값!
네 번째	상기 외

중요도 순으로 정보를 나누어 본다.

TYPE 2 정보의 그룹화

집에 있으면서 24시간 언제든지 수강할 수 있다. PC, 태블릿, 스마트폰으로도 수강이 가능하여 어디서든 부담 없이 수강할 수 있다. 또한, 강사의 첨삭이 다음 날 바로바로 전달되는 스피디함으로 빠르게 학습할 수 있다!

그룹 1	▶ 24시간 언제든지 수강 가능
그룹 2	▶ 다양한 디바이스에 대응하여 어디서나 수강 가능
그룹 3	▶ 강사의 첨삭이 다음 날 도착

내용별로 크게 나누어 본다.

TYPE 3 문장을 짧게!

2024년 4월 13일 토요일, 웹 세미나를 개강한다. 지금이라면 수강료 반값으로 집에서 50여 종의 세미나를 24시간 원하는 시간에 수강할 수 있다. PC, 태블릿, 스마트폰으로도 수강이 가능하기 때문에 시간과 장소에 구애받지 않고 부담 없이 수강할 수 있다.

2024년 4월 13일(토), 웹 세미나 개강! 지금이라면 수강료 반값으로 50여 종의 세미나를 24시간, PC, 태블릿, 스마트폰으로 언제 어디서나 수강 가능!

불필요한 단어는 과감히 줄여서 깔끔하게 보기 좋게!

TYPE 4 글자 크기로 활력을 불어넣는다!

24시간 언제든지 수강 가능! 집에서도, 이동 중인 기차 안에서도, 휴식 중인 카페에서도, 원하는 장소에서 원하는 시간에 수강할 수 있다.

24시간 언제든지 수강 가능!
집에서도, 이동 중인 기차 안에서도, 휴식 중인 카페에서도, 원하는 장소에서 원하는 시간에 수강할 수 있다.

제목을 만들어서 글의 윤곽을 살려서 읽기 쉽게.

정보 정리 요령

- ✓ 우선 정보를 파악, 정리하고 우선순위를 정한다!
- ✓ 불필요한 정보와 삭제할 수 있는 텍스트는 삭제한다!
- ✓ 색상, 여백, 크기 등 모든 것은 대비와 균형이 중요하다!

TYPE 5 정보 일부를 아이콘으로 전달!

집에 있으면서 24시간 언제든지 수강할 수 있다. PC, 태블릿, 스마트폰으로도 수강이 가능하여 어디든지 부담 없이 수강할 수 있다. 또한, 강사의 첨삭이 다음 날 바로바로 전달되는 스피디함으로 빠르게 학습할 수 있다!

 24시간 언제든지 수강 가능
 다양한 디바이스에 대응
 강사의 첨삭이 다음날 도착

글자만 있을 때보다 빠르고 간결하게 전달된다.

TYPE 6 사진과 일러스트로 직관적으로 전달!

집에서도, 이동 중인 기차 안에서도, 휴식 중인 카페에서도 웹세미나를 수강할 수 있다. 아침, 점심, 저녁. 원하는 장소에서 원하는 시간에 수강할 수 있다.

 morning — 이동 중인 전철에서도 긴편하게
noon — 카페에서 휴식 시간을 활용한다
 evening — 집에서 느긋하게 쉬고 싶을 때.

이미지 전달 속도가 빨라진다!

TYPE 7 그룹은 여백, 선, 배경으로 구분!

웹 세미나 개강!

| 24시간 언제든지 수강 가능 | 다양한 디바이스에 대응 | 강사의 첨삭이 다음날 도착 |

웹 세미나 개강!

| 24시간 언제든지 수강 가능 | 다양한 디바이스에 대응 | 강사의 첨삭이 다음날 도착 |

그룹별로 구분을 확실하게 해두자.

TYPE 8 사용하는 색상 수는 필요한 것만 최소한으로!

색상을 최소화하고 중요한 부분에 포인트 컬러를 사용한다!

COLUMN 05

(구도에 따라 달라지는 인상과 활용 사례)

6가지 구도로 비교해보자!

이 장에 나온 예제를 다른 구도로 만들어 보았다. 구도에 따라 인상과 효과가 어떻게 달라지는지 디자인을 비교해보자!

 01 : 황금비

꽃은 한 송이로, 나머지는 구도를 따라 배치하면 메시지가 담긴 디자인이 된다.

 02 : 삼분할

안정감 있는 레이아웃. 프레임으로 장식하면 적당히 화사한 분위기를 연출할 수 있다.

03 : 대각선 원래 구도 (P.080)

사선 라인을 사용해 역동적이고 신선한 느낌을 준다.

04 : 중앙원 원래 구도 (P.080)

심플하지만 중앙원 구도의 효과로 중앙의 제목에 시선이 집중되는 디자인이다.

 05 : 대칭

깔끔한 느낌의 대칭 구도. 귀여운 일러스트를 곁들여 장난기를 더했다.

 06 : 삼각형

하부 무게중심의 삼각형을 약간 기울여 교차점에 요소를 배치했다. 안정감에 약간의 경쾌함이 더해진다.

CHAPTER

06

DM

다이렉트 메일(DM)이란
홍보나 판촉을 위해 개인에게 보내는 인쇄물이나 메일을 말한다.
상품이나 서비스를 직접적으로 알릴 수 있는 도구이지만,
고객에게 읽히기 위해서는 디자인이 중요하다.
한눈에 보이는 인상과 가독성 외에도,
세계관도 중요시하는 DM의 디자인에 대해 소개한다.

CHAPTER 6
DM 01
황금비

THEMA
고양이 카페 오픈 안내 DM

오픈 날짜와 매장 분위기를 전달하는 것이 중요한 오픈 안내 DM은 황금비 2개를 사용하면 정보량이 많아도 깔끔하게 정리할 수 있다.

STEP 1 블록 나누기

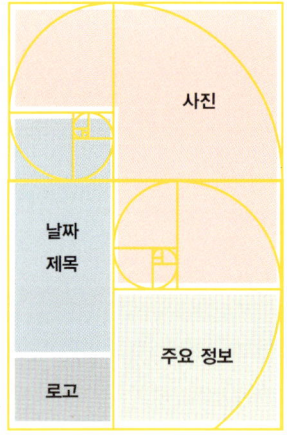

상점의 분위기가 잘 전달될 수 있도록 사진을 크게 배치한다. 다음으로 오픈 날짜가 눈에 잘 띄도록 크게 블록으로 나눈다.

정보
- 이미지 사진
- 날짜 / 제목
- 주요 정보
- 로고

STEP 2 레이아웃

황금비 가이드를 따라 필요한 정보를 입력하고, 날짜와 제목을 크게 3행으로 배치한다.

소재
- 이미지 사진
- 텍스트
- 로고

STEP 3 디자인 ☑폰트 ☑배색 ☑장식

글자를 살짝 잘라내
거나 사진 위에 겹쳐서
임팩트와 재미를
더했다.

Point!
날짜와 제목은 마커
같은 폰트로 강조하
고, 추가로 발자국
일러스트를 넣어
분위기를 살린다.

• **FONT**

제목 　Futura PT / Bold
정보 　DNP 秀英角 ゴシック銀 Std / M

• **COLOR**

■　CMYK　0/0/0/100
■　CMYK　0/0/80/0

GOAL! 완성! ∥ 고양이의 귀여움과 오픈 공지가
한눈에 들어오는 디자인을 완성했다.

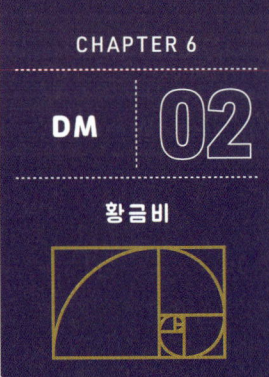

CHAPTER 6

DM | 02

황금비

THEMA
판화전 DM

일러스트를 메인으로 하는 디자인의 경우, 일러스트를 약간 작게 하고 여백을 넓게 잡으면 세련되고 여유로운 디자인을 완성할 수 있다.

STEP 1 블록 나누기

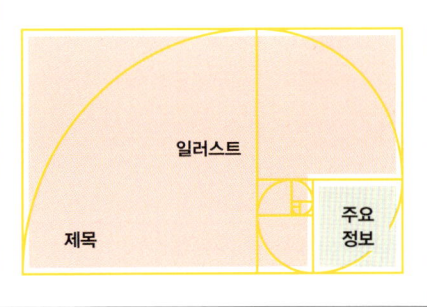

메인 일러스트를 지면 중앙에 배치하고, 우측 하단에 정보를 정리하여 블록을 나눈다.

정보
- 일러스트
- 제목
- 주요 정보

STEP 2 레이아웃

전체 균형을 유지하기 위해 텍스트 정보는 가이드의 바깥쪽에 정렬되도록 배치한다.

소재
- 일러스트
- 텍스트

STEP 3 디자인

☑ 폰트 ☑ 배색 ☑ 장식

여백이나 글자 사이를 넓게 하면 여유롭고 차분한 디자인이 완성된다.

Point!
한곳만 세로 쓰기로 하면, 지면을 단정하게 정리하는 악센트로 효과적이다.

• FONT

제 목	FOT- 筑紫 A 丸ゴシック Std / R
날 짜	Pacifico / Light

• COLOR

CMYK 3/5/10/0
CMYK 0/0/0/100

 완성! 여백과 글자 간격을 충분히 확보한 고급스럽고 여유로운 디자인을 완성했다.

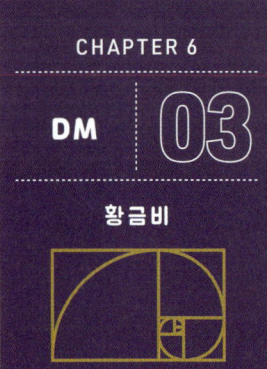

CHAPTER 6
DM | 03
황금비

THEMA
프리세일 안내 DM

제목, 날짜, 로고 등 정보량이 적은 경우에도 황금비를 활용하면 심플하면서도 화려하고 깔끔한 디자인을 완성할 수 있다.

STEP 1 블록 나누기

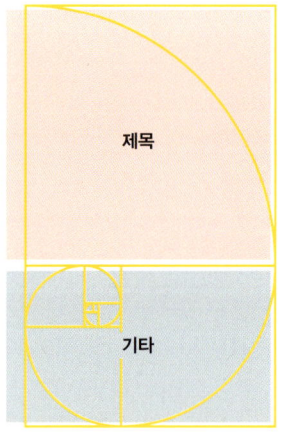

위쪽의 큰 공간에 주요 정보, 아래쪽에 기타 정보를 넣을 블록으로 나눈다.

정보
- 제목
- 기타 정보

STEP 2 레이아웃

왼쪽 위에서 오른쪽 아래로 Z자형으로 시선이 흐르는 법칙과 황금비율의 가이드에 맞춰 정보를 넣는다.

소재
- 텍스트
- QR 코드
- 로고

STEP 3 디자인   ✓ 폰트 ✓ 배색 ✓ 장식

상단의 텍스트 크기를 크게 하여 위에서 아래로 시선을 유도할 수 있다.

 Point!
봄을 느낄 수 있는 분홍색에 스크립트체나 세리프체를 조합하여 여성스러운 인상을 준다.

• FONT

제 목	EloquentJFSmallCapsPro / Regular
기 타	DNP ゴシック Std / B

• COLOR

CMYK　0/55/7/0
CMYK　0/75/7/0

GOAL!　　완성!　｜｜　계절감과 서비스 내용을 효과적으로 전달할 수 있는 프리세일 DM을 완성했다.

CHAPTER 6

DM | **04**

삼분할

THEMA
화과자점 신상품 DM

일본풍의 분위기를 표현하고 싶을 때는 삼분할 구도를 세로로 활용해보자. 붓글씨 폰트를 세로로 쓰면 더욱 일본적인 세계관을 연출할 수 있다.

STEP 1 블록 나누기

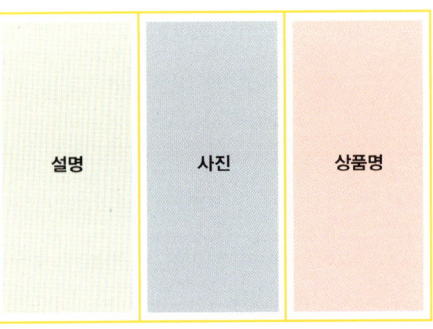

오른쪽부터 상품명, 상품 사진, 상품 설명을 배치한다.

정보
- 상품명
- 상품사진
- 상품설명

STEP 2 레이아웃

가로로 세 갈래로 나눈 선을 기준으로 일러스트나 로고 등 세세한 정보를 넣는다.

소재
- 텍스트 / 일러스트
- 상품 사진
- 로고

STEP 3 디자인

☑ 폰트　☑ 배색　☑ 장식

일본식 디자인에는 붓글씨가 잘 어울린다. 단, 장문의 글에 사용하면 지루해지기 때문에 가독성이 좋은 명조체와 함께 사용하도록 하자.

Point!

배경 패턴에 맞춰 사진을 꽃 모양으로 잘라 디자인에 통일감을 준다.

• **FONT**

| 상품명 | : | AB 味明 - 草 / EB |
| 설　명 | : | DNP 秀英にじみ初号明朝 Std / Hv |

• **COLOR**

■	CMYK	11/56/96/0
■	CMYK	76/72/70/39
■	CMYK	70/45/10/20

 완성!

│ 일본 특유의 세로로 구성된 품격 있는 일본식 디자인을 완성했다.

CHAPTER 6
DM | 05
삼분할

THEMA
미용실 쿠폰이 포함된 DM

쿠폰 등 혜택을 주는 DM은 공지 영역과 쿠폰 영역을 확실히 구분하는 것이 정답이다. 보기 편하고 사용성도 좋아진다.

STEP 1 블록 나누기

삼등분한 뒤 위쪽 두 칸에는 사진과 제목을, 아래쪽에는 쿠폰을 배치하여 블록을 나눈다.

정보
- 인물 사진
- 제목
- 쿠폰

STEP 2 레이아웃

세로 가이드를 따라 인물의 얼굴을 중앙에 배치. 자연스럽고 균형 잡힌 레이아웃이 된다.

소재
- 인물 사진
- 수채화 이미지
- 텍스트
- 로고

STEP 3 · 디자인

☑ 폰트　☑ 배색　☑ 장식

그린 계열의 두 가지 색상을 사용하여 디자인에 통일감을 주고, 효과적으로 흰색을 배치하여 개방감을 더한다.

Point! 사진 위에 손으로 그린 일러스트를 배치하여 스마트하면서도 귀여운 분위기를 연출한다.

● FONT

| 제 목 | AdornS Serif / Regular |
| 카 피 | 貂明朝 テキスト / Regular |

● COLOR

　　CMYK　19/4/13/0
　　CMYK　56/22/43/0

완성! ‖ 통일감 속에서도 여유와 시원함이 느껴지는 세련되고 산뜻한 디자인을 완성했다.

CHAPTER 6

DM | **06**

대칭

THEMA
어버이날 인사말 카드

심플한 카드를 디자인하고 싶을 때는 규칙적이고 안정적인 대칭 구도를 사용해보자. 자칫 단조로울 수 있는 구도이기 때문에 선명한 색상으로 균형을 맞추자.

STEP 1 | 블록 나누기

중앙에 제목, 일러스트, 메시지란을 세로로 배치. 주변을 프레임으로 둘러싼다.

정보
- 제목 / 일러스트
- 프레임
- 메시지란

STEP 2 | 레이아웃

선대칭이 되도록 텍스트와 일러스트를 중앙 정렬하여 배치한다.

소재
- 일러스트
- 텍스트
- 프레임

STEP 3 디자인 ☑ 폰트 ☑ 배색 ☑ 장식

메인 요소인 꽃 일러스트를 중앙에 크게 배치했다. 빨간색과 흰색의 대비가 돋보인다.

Point!
일러스트를 너무 크게 하면 압박감이 생기므로, 적절한 여백이 들어가도록 신경 쓴다.

• **FONT**

제 목	Beloved Script / Bold
기 타	Agenda / Thin

• **COLOR**

　　CMYK　0/89/82/0

완성! | 꽃 일러스트가 확 눈에 띄는 화려한 인상의 카드가 완성되었다.

CHAPTER 6

DM | 07

대칭

THEMA
의류 브랜드 창립 기념일 DM

사진을 전면에 사용할 때는 피사체의 위치를 고려하여 구도를 생각해야 한다. 이 예시에서는 피사체가 왼쪽에 있어 대칭 구도를 선택했다.

STEP 1 블록 나누기

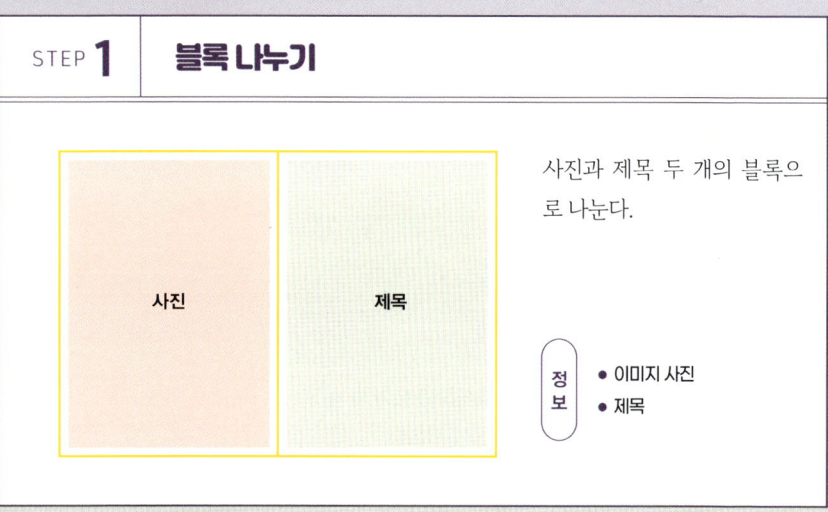

사진과 제목 두 개의 블록으로 나눈다.

정보
- 이미지 사진
- 제목

STEP 2 레이아웃

사진의 피사체와 거울처럼 대칭되도록 로고를 배치한다.

소재
- 이미지 사진
- 로고
- 텍스트

STEP 3 디자인   ☑ 폰트 ☑ 배색 ☑ 장식

20주년 로고는 왼쪽에 있는 개와 대칭되도록 디자인하고, 사진 주위에 흰색 테두리를 추가하여 스타일리시함을 더한다.

Point!
'20' 숫자 부분을 오려내어 사진을 보여줌으로써 상쾌한 일체감을 만들어낸다.

• **FONT**

제 목	Acier BAT / Text Solid
기 타	Azo Sans / Regular·Light

• **COLOR**

■	CMYK 75/37/27/0
□	CMYK 0/0/0/0

 완성! 사진의 아름다운 색감을 살린 의류 브랜드 DM을 완성했다!

THEMA
베이커리 숍 DM

좌우 요소가 대칭이 되도록 레이아웃한 디자인. 중요한 정보를 중앙에 정렬하고, 형태와 크기가 다른 오려낸 사진을 배치하여 포인트를 준다.

STEP 1 　블록 나누기

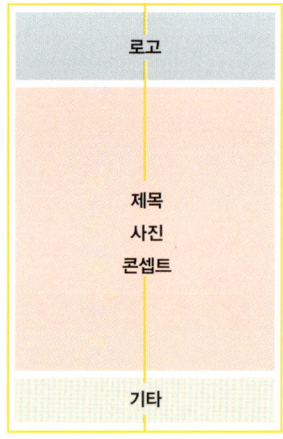

로고, 제목과 브랜드 콘셉트, 기타 정보 세 가지 블록으로 나눈다.

정보
- 제목 / 사진 / 콘셉트
- 로고
- 기타 정보

STEP 2 　레이아웃

중앙 정렬로 텍스트와 로고를 배치하고, 선대칭이 되도록 상품 사진을 네 모서리에 배치한다. 상하에는 로고와 상세 정보를 배치한다.

소재
- 로고
- 상품 사진
- 텍스트

STEP 3 디자인 ☑폰트 ☑배색 ☑장식

세로쓰기 텍스트에 라인을 넣어 시선을 유도. 중요한 정보를 테두리로 둘러싸고 가시성도 UP!

Point! 배경에 천 텍스처를 넣어 상점의 세계관을 표현한다.

• FONT

제 목	砧丸丸ゴシック C / Lr StdN / R
로 고	Duos Sharp Pro / Regular

• COLOR

■	CMYK 15/85/85/0
■	CMYK 0/0/0/100

완성! 베이커리의 정성이 한눈에 들어오는 대칭 구도의 DM을 완성했다.

CHAPTER 6

DM 09

대각선

THEMA
남성 의류 매장 DM

여러 장의 사진을 대각선을 따라 비스듬히 배치한 디자인. 사진을 대각선으로 배치함으로써 텍스트와 구분하기 쉽도록 했다.

STEP 1　블록 나누기

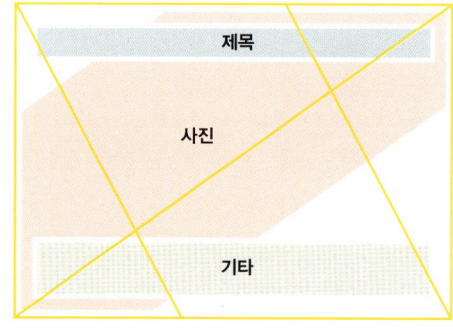

사진을 대각선으로 배치하고, 제목과 기타 정보를 상하로 나눈다.

정보
- 인물 사진
- 제목
- 기타 정보

STEP 2　레이아웃

사진은 대각선 가이드를 따라 비스듬히 배치하고, 텍스트는 과감히 수평을 유지함으로써 비스듬한 사진이 돋보인다.

소재
- 인물 사진
- 텍스트
- 로고

STEP 3 디자인

✔ 폰트　✔ 배색　✔ 장식

남성적인 디자인을 완성하고 싶다면 산세리프체나 고딕체를 사용하는 것을 추천한다.

Point!

제목 글자를 작게 하고 대각선으로 랜덤 배치하여 스타일리시함을 연출한다.

• FONT

| 제 목 | Alternate Gothic No3 D / Regular |
| 기 타 | AWConqueror Std Sans / Light |

• COLOR

	CMYK	50/50/60/25
	CMYK	50/70/80/70
	CMYK	0/0/0/0

GOAL! 완성 ‖ 비스듬히 배치한 사진이 인상적인 남성스러운 DM을 완성했다.

CHAPTER 6
DM 10
대각선

THEMA
건축회사의 DM

사진을 크게 사용할 때는 사진의 구도를 의식하여 레이아웃을 결정한다. 사진 자체를 살리면 디자인에 입체감과 생동감이 생긴다.

STEP 1 블록 나누기

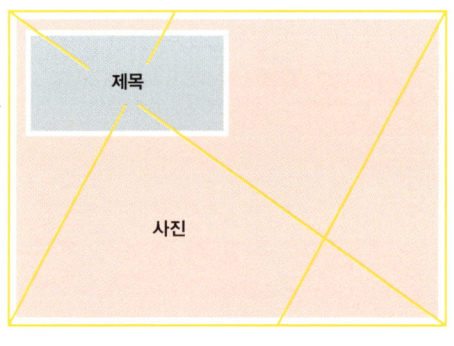

사진 전면에 대각선이 교차하는 지점에 제목을 넣는다.

정보
- 이미지 사진
- 제목

STEP 2 레이아웃

대각선 구도로 촬영한 사진을 자르고 제목과 가구가 대각선에 오도록 배치한다.

소재
- 이미지 사진
- 텍스트
- 로고

STEP 3 디자인   ☑ 폰트 ☑ 배색 ☑ 장식

손글씨를 제목으로 사용해 친근한 느낌을 준다. 녹색을 액센트로 사용해 건강하고 차분한 이미지를 줄 수 있다.

Point!
제목의 흰 글자에 그림자를 추가하여 가독성을 높인다.

● FONT

| 상세 날짜 | DNP 秀英角 ゴシック銀 Std / M
ITC Avant Garde Gothic Pro / Book |

● COLOR

	CMYK	0/0/0/0
	CMYK	52/19/98/0
	CMYK	76/72/70/39

 완성! | 사진의 구도를 활용하여 심플한 레이아웃이지만 생동감이 있는 디자인!

CHAPTER 6
DM | 11
대각선

THEMA
편집숍 안내 DM

두 개의 대각선이 교차하는 지점 두 곳에 사진을 배치하고, 대각선을 의식하면서 빈 공간에 글자를 배치하는 디자인을 만든다.

STEP 1 블록 나누기

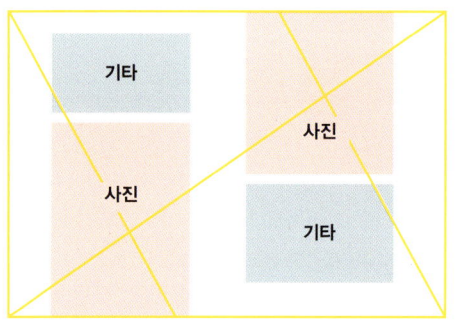

대각선의 교차점에 인물 사진을 배치하고, 남은 공간에 기타 정보를 넣는다.

정보
- 인물 사진
- 기타 정보

STEP 2 레이아웃

사진을 창 형태로 자르고, 그에 맞춰 로고를 배치한다. 로고는 가이드의 각 영역 안에 맞게 조정한다.

소재
- 인물 사진
- 로고
- 텍스트

| STEP **3** | 디자인 | ☑ 폰트 ☑ 배색 ☑ 장식 |

CHAPTER 2 } DM ⋯ 대각선 }

문자 색상과 배경 색상은 낮은 대비로 은은하게 설정한다. 이를 통해 사진의 인상이 더욱 돋보이게 만든다.

Point!
배경에 창문 빛을 더해 밝은 봄 햇살을 연출한다.

• **FONT**

| 제 목 | Mixta Pro / Medium |
| 기 타 | URW Form SemiCond / Demi·Medium |

• **COLOR**

CMYK 5/10/10/0
CMYK 41/24/19/0

 완성! ‖ 따뜻한 봄이 다시 왔음을 느낄 수 있는 우아하고 설레는 DM 완성!

CHAPTER 6

DM | **12**

삼각형

THEMA
사진전 DM

무작위로 사진을 배치한 듯 보이는 복잡한 디자인도 삼각형 구도를 활용하면 요소를 배치해야 할 포인트가 자연스럽게 드러난다.

STEP 1 | 블록 나누기

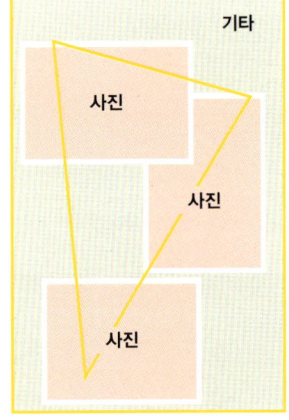

삼각형을 따라 사진 3장을 배치하고, 나머지는 정보를 넣을 공간으로 둔다.

정보
- 이미지 사진
- 기타 정보

STEP 2 | 레이아웃

삼각형의 꼭짓점에 맞춰 사진 3장을 배치하고, 가독성을 고려하면서 제목과 문자 정보를 랜덤하게 레이아웃한다.

소재
- 이미지 사진
- 텍스트

STEP 3 | 디자인   ☑ 폰트   ☑ 배색   ☑ 장식

제목은 고딕체와 명조체를 혼합하여 사용한다. 대담한 배치로 장난스러운 느낌을 표현.

Point! 눈에 띄게 하고 싶은 '90' 부분을 속이 빈 폰트로 처리하여 악센트를 준다.

- **FONT**

| 제 목 | FOT-筑紫 A オールド明朝 Pr6N / L |
| 날 짜 | Semplicita Pro / Bold |

- **COLOR**

　　　　CMYK　0/0/0/100

 **완성!** | 언뜻 보면 무작위처럼 보이지만, 구도에 맞춘 레이아웃으로 대담하고 역동감 있는 디자인으로 완성되었다.

CHAPTER 6
DM | 13
삼각형

THEMA
인테리어 숍의 DM

삼각형 구도를 재치 있게 사용한 디자인. 사진도 글자도 화려하지만 여백을 넉넉히 두어 시끄럽지 않고 깔끔하게 정리되어 있다.

STEP 1 블록 나누기

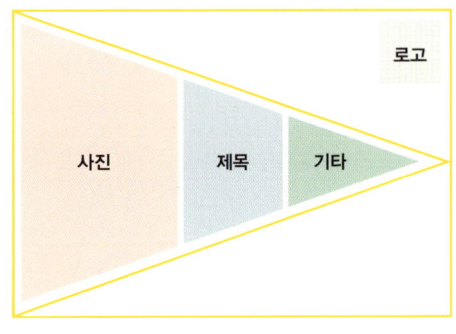

삼각형의 가장 넓은 부분부터 사진, 제목, 정보 순으로 배치한다. 오른쪽 상단에 로고를 배치한다.

정보
- 이미지 사진
- 제목
- 기타 정보
- 로고

STEP 2 레이아웃

영역을 나눈 부분에 사진과 텍스트를 넣는다. 여백도 크게 비워두자.

소재
- 이미지 사진
- 텍스트
- 로고

STEP 3 디자인

☑ 폰트　☑ 배색　☑ 장식

색을 많이 사용하고 싶을 때는 사진에서 색을 추출해 사용하면 통일감을 줄 수 있어 추천한다.

Point!
사진은 모서리를 둥글게 트리밍하여 부드럽고 팝한 인상을 완성한다.

• FONT
제　목	Circe / Bold
기　타	DIN Condensed / Bold

• COLOR
■	CMYK	15/30/80/0
■	CMYK	0/70/53/0
■	CMYK	60/30/25/0

GOAL! 완성!

미드센추리 스타일을 살린 인테리어 숍의 DM 완성!

CHAPTER 6

DM 14 삼각형

THEMA
동물원 캠페인 DM

두 개의 삼각형을 조합하여 레이아웃한 디자인이다. 활기차고 즐거운 느낌의 디자인을 원할 때 딱 맞는 레이아웃이다.

STEP 1 블록 나누기

사진
로고
카피

기타

가이드를 따라 위쪽 삼각형에 메인 사진과 로고를, 아래쪽 삼각형에 기타 정보를 넣는다.

정보
- 이미지 사진
- 로고
- 카피
- 기타 정보

STEP 2 레이아웃

오려낸 사진이나 텍스트를 삼각형 구도에 맞게 각각 배치한다.

소재
- 이미지 사진
- 로고
- 텍스트

STEP 3 디자인

☑ 폰트　☑ 배색　☑ 장식

말풍선 소재나 리본을 사용하여, 즐거운 느낌의 가족 친화적 디자인을 완성한다.

Point!
동물원 이름은 발랄하고 코믹한 폰트를 사용하여, 설렘을 표현한다.

• **FONT**

제 목	Domus Titling / Medium
장 소	せのびゴシック / Bold

• **COLOR**

- ■ CMYK 0/0/60/0
- ■ CMYK 60/15/0/0
- ■ CMYK 70/15/0/0

완성！　가족 대상에 맞춘 활기차고 즐거운 DM을 완성했다.

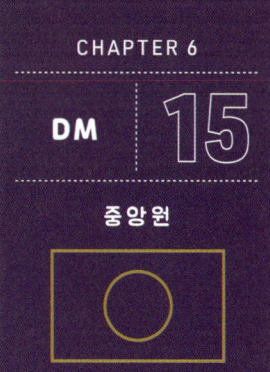

CHAPTER 6

DM 15

중앙원

THEMA
과수원 DM

중앙원 구도에 따라 복숭아 일러스트를 심볼로 배치한 디자인이다. 하나의 대상을 돋보이게 하고 싶을 때는 과감하게 중앙에 크게 배치해보자!

STEP 1 블록 나누기

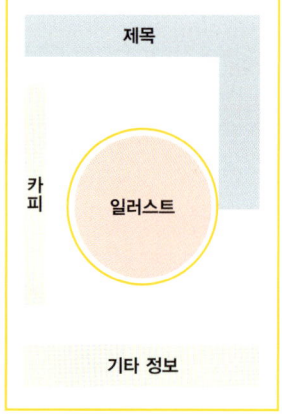

복숭아 일러스트를 중앙에 배치하고, 제목을 상단에, 기타 정보를 하단에 배치한다.

정보
- 일러스트
- 제목
- 카피
- 기타 정보

STEP 2 레이아웃

중앙의 일러스트를 둘러싸듯이 제목과 세부 정보를 배치해 나간다.

소재
- 일러스트
- 로고
- 텍스트

STEP 3 디자인 ☑폰트 ☑배색 ☑장식

입팩트 있는 복숭아 일러스트와 제목을 중심으로 다른 정보는 깔끔하게 정리한다.

Point!
복숭아의 이미지에 맞춰 전체 컬러링을 핑크 계열로 정리하여 통일감을 준다.

● **FONT**

제 목	VDL V7丸ゴシック / M
날 짜	Montserrat / SemiBold
악센트	Felt Tip Roman / Regular

● **COLOR**

CMYK 0/23/10/0
CMYK 20/80/30/0

 완성! | 복숭아 일러스트가 확! 눈에 쏙 들어오는 중앙원 구도의 디자인 완성!

CHAPTER 6
DM | 16
중앙원

THEMA
감사 카드

배경을 연꽃 그림으로 가득 채우고 가운데에 메모 공간을 만든 중앙원 구도의 레이아웃. 배경이 화려하기 때문에 메모 공간의 테두리는 심플하게 처리했다.

STEP 1 블록 나누기

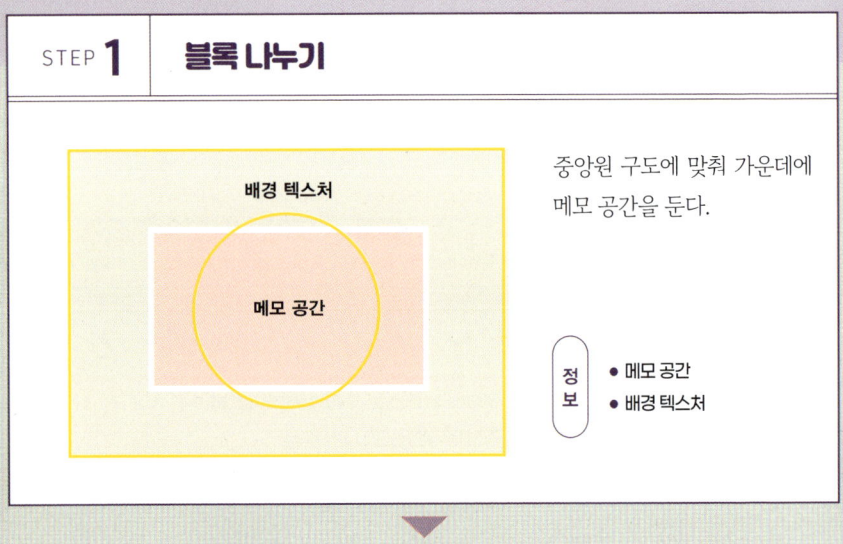

중앙원 구도에 맞춰 가운데에 메모 공간을 둔다.

정보
- 메모 공간
- 배경 텍스처

STEP 2 레이아웃

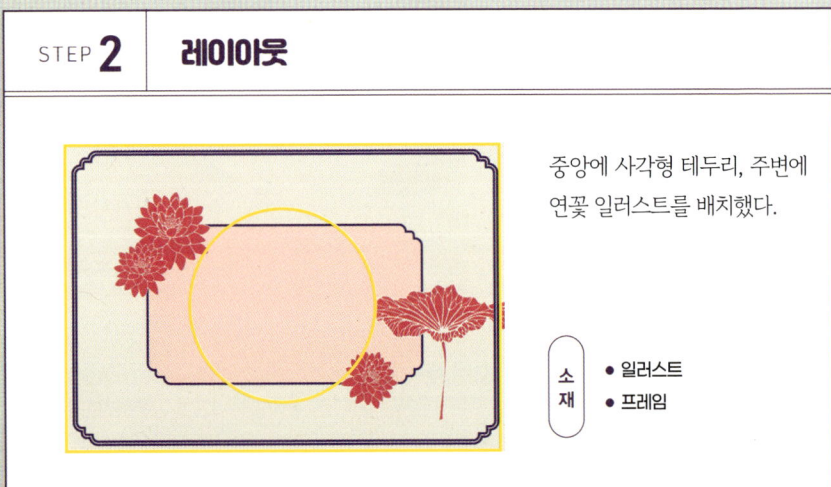

중앙에 사각형 테두리, 주변에 연꽃 일러스트를 배치했다.

소재
- 일러스트
- 프레임

STEP 3　디자인　☑폰트　☑배색　☑장식

배경 텍스처의 연꽃은 선 중심의 그림으로 하여 붉은 연꽃과 차별화하여 메모 공간을 돋보이게 한다.

Point!

배경 텍스처가 차가운 색 계열이므로, 빨간 연꽃이 대비를 이루어 돋보인다.

• FONT

제　목　│　Aviano Didone / Bold

• COLOR

　CMYK　30/20/0/0
　CMYK　10/70/30/0
　CMYK　80/80/20/0

 완성! ‖ 두 가지 종류의 연꽃 일러스트가 메모 공간을 돋보이게 하는 오리엔탈한 감사 카드 완성!

CHAPTER 6

DM 17

중앙원

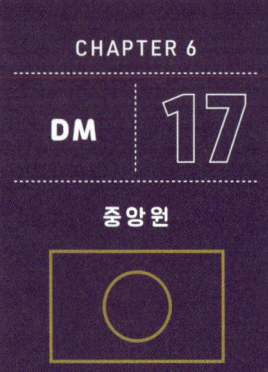

THEMA
크리스마스 케이크 DM

크리스마스 케이크를 중앙원 구도의 가운데에 배치한 안정감 있는 디자인. 차분한 느낌의 디자인을 원한다면 심플한 폰트 선택이 포인트다.

STEP 1 　 블록 나누기

중앙에 사진을 배치하고, 그 사방에 제목, 카피, 로고를 배치해 총 5개의 영역으로 블록을 나눈다.

정보
- 상품 사진
- 제목
- 로고
- 기타 정보

STEP 2 　 레이아웃

중앙원의 중앙에 케이크가 오도록 레이아웃한다. 케이크가 약간 더 크게 보이도록 다듬는다.

소재
- 상품 사진
- 텍스트

STEP **3** 디자인 ☑ 폰트 ☑ 배색 ☑ 장식

하얀색 케이크에 맞춰 성탄절 밤을 연상케 하는 어두운 색으로 마무리한다.

Point!
은은한 사진 테두리와 제목의 스크립트 체로 우아한 크리스마스 디자인을 완성한다.

- **FONT**

제 목	Fino Sans / Regular
상호명	Bicyclette / Bold P22
기 타	Underground / Book

- **COLOR**

 CMYK 30/10/10/20
 CMYK 40/20/20/20

 완성!

시크한 사랑스러움과 성탄절 전야를 연상시키는 크리스마스 케이크 DM이 완성되었다.

COLUMN No.06

한 단계 더 높은 곳을 목표로 하자!
2가지 구도를 조합하여 활용

구도에 대한 요령이 생겼다면, 구도를 조합한 디자인에 도전해보자! 각각의 구도가 가지고 있는 장점을 살리면 시너지 효과가 생겨 더욱 매력적인 디자인이 될 수도 있다. 여기서는 두 가지 구도를 조합한 예시를 소개한다.

TYPE 1  대칭 × 삼각형

각 구도의 특징

- 상하좌우 대칭으로 텍스트와 프레임을 배치한 대칭 구도.
- 삼각형 구도의 사진으로 깊이가 있는 하나의 장면을 연출한다.

2가지 구도를 이용한 효과

삼각형 구도를 활용한 사진으로 활기찬 배경을 연출하면서도 대칭 구도를 사용한 제목으로 안정감 있는 디자인!

FONT
- 제 목 : VDL ペンジェントル / B
- 카 피 : 貂明朝 / Regular

COLOR
- ■ CMYK 62/73/69/24
- ■ CMYK 24/35/60/0

구도를 조합하는 포인트

- ✓ 움직임이 있는 구성과 없는 구성을 결합하면 시너지 효과를 기대할 수 있다!
- ✓ 배경과 텍스트 등 요소별로 구성을 나누면 더 쉽게 생각할 수 있다!
- ✓ 메인 구성을 먼저 결정한 후에 나머지 요소들을 결합한다!

TYPE 2

 대각선 × 중앙원

각 구도의 특징

 하나의 피사체를 중앙에 배치해 힘과 임팩트가 느껴지는 구도.

대각선 구도로 상품명과 배경에 리듬감을 부여한다.

2가지 구도를 이용한 효과

중앙원 구도로 보여주고 싶은 것을 심플하게 주장하면서 배경과 텍스트를 대각선 구도를 따라 비스듬히 배치하여 움직임이 있는 디자인으로!

FONT
- 제 목 │ AB-kikori / Regular
- 악센트 │ Pacifico / Light
- 가 격 │ Round Gothic / Demi

COLOR
- ■ CMYK 0/40/82/0
- ■ CMYK 0/25/70/0
- □ CMYK 0/0/0/0
- ■ CMYK 0/0/0/95

최강 구도 디자인 92
황금비율과 최적의 구도로 만드는
좋은 디자인의 첫걸음

지은이 ingectar-e
옮긴이 트랜스메이트
펴낸이 박찬규 엮은이 김윤래, 전이주 디자인 북누리 표지디자인 Arowa & Arowana
펴낸곳 위키북스 전화 031-955-3658, 3659 팩스 031-955-3660
주소 경기도 파주시 문발로 115 세종출판벤처타운 311호

가격 18,000 페이지 224 책규격 148 x 210mm

초판 발행 2025년 05월 29일
ISBN 979-11-5839-606-0 (13000)

등록번호 제406-2006-000036호 등록일자 2006년 05월 19일
홈페이지 wikibook.co.kr 전자우편 wikibook@wikibook.co.kr

最強構図 知ってたらデザインうまくなる by ingectar-e
Copyright © 2023 ingectar-e
Original Japanese edition published by Socym Co.,Ltd.
All rights reserved.
Korean translation rights © 2025 by WIKIBOOKS
Korean translation rights arranged with Socym Co.,Ltd., Tokyo
through Botong Agency, Korea

이 책의 한국어판 저작권은 Botong Agency를 통한 저작권자와의 독점 계약으로 위키북스가 소유합니다.
신저작권법에 의해 한국 내에서 보호를 받는 저작물이므로 무단 전재와 복제를 금합니다.
이 책의 내용에 대한 추가 지원과 문의는 위키북스 출판사 홈페이지 wikibook.co.kr이나
이메일 wikibook@wikibook.co.kr을 이용해 주세요.